特色学校聚焦丛书　丛书主编　杨四耕

# 唤醒教育

## 触发生命的感动

陈丽雅◎著

华东师范大学出版社
·上海·

图书在版编目(CIP)数据

唤醒教育:触发生命的感动/陈丽雅著. —上海:
华东师范大学出版社,2024. —(特色学校聚焦丛书).
ISBN 978 - 7 - 5760 - 5261 - 9
Ⅰ. G637
中国国家版本馆 CIP 数据核字第 2024D237Q9 号

特色学校聚焦丛书
## 唤醒教育:触发生命的感动

丛书主编　杨四耕
著　　者　陈丽雅
责任编辑　刘　佳
项目编辑　林青荻
特约审读　严　婧
责任校对　张　筝　时东明
装帧设计　卢晓红

出版发行　华东师范大学出版社
社　　址　上海市中山北路 3663 号　邮编 200062
网　　址　www.ecnupress.com.cn
电　　话　021 - 60821666　行政传真 021 - 62572105
客服电话　021 - 62865537　门市(邮购)电话 021 - 62869887
地　　址　上海市中山北路 3663 号华东师范大学校内先锋路口
网　　店　http://hdsdcbs.tmall.com

印 刷 者　上海商务联西印刷有限公司
开　　本　787 毫米×1092 毫米　1/16
印　　张　14.75
字　　数　135 千字
版　　次　2024 年 10 月第 1 版
印　　次　2024 年 10 月第 1 次
书　　号　ISBN 978 - 7 - 5760 - 5261 - 9
定　　价　52.00 元

出版人　王　焰

(如发现本版图书有印订质量问题,请寄本社客服中心调换或电话 021 - 62865537 联系)

## 编委会

陈娟　金莺　龚华　李百勉　王皓　封杰
刘静　赵微微　刘志峰　黄春慧　田冰　汪玲玲
武梅梅　陆宇玮　吕龙　何萍　胡满金

丛书总序

# 好学校的性格色彩

这些年,我与中小学、幼儿园有许多"亲密接触"。从这些学校中,我发现了一个"秘密":好学校总有自己的性格色彩,总有自己的精神属性。

## 好学校有丰富的颜色

好学校一年四季都有风景。春天,你走进它,有各色花儿,红的像火,粉的像霞,白的像雪。夏天,你置身其中,绿草茵茵,就算骄阳似火,也有阴凉。孩子们可以踢球、打滚,可以任性。秋天,你老远就可以看到,枫叶红了,橘子黄了,婀娜多姿。冬天,你靠近它,香樟绿环绕着你,垂柳枝笼罩着你,你不会觉得单调。当然,环境的价值不在于"装扮",而在于让心灵沉静,让生命多彩。它是生命哲学的演化,是内心深处的讴歌与赞美。法国思想家卢梭说教育的核心是"归于自然"——回归"自然状态",回归人之原始倾向。善良总存在于纯洁的自然之中。好学校总是拥有自然的纯净与原始美,它努力让孩子们与美好相遇。静谧,美好——好学校是温润的。

**好学校有足够的成色**

成色是衡量一所学校教育境界的一个指标,是一所学校的"育人"含金量。如果一所学校的含金量定位为考试成绩,它的成色就是混浊的;如果一所学校的含金量定位为立德树人,它的成色就是清纯的。黎巴嫩诗人纪伯伦说过:"我们已经走得太远,以至于忘记了为什么而出发。"教育是为着我们不曾拥有的过去,为着我们不曾经历的当下,为着我们不曾想到的未来。教育之原点在激发想象,而不仅仅是学习知识;教育之原点在发展理性,而不仅仅是讲授道理;教育之原点在鼓励崇高,而不仅仅是理解规范;教育之原点在丰富经历,而不仅仅是掌握技艺;教育之原点在温暖心灵,而不仅仅是强化记忆;教育之原点在强健身心,而不仅仅是发展智能;教育之原点在点亮人生,而不仅仅是预知未来。回归原点,是好学校的立场。不功利——好学校是纯粹的。

**好学校有优雅的行色**

优雅是让人向往的,有来源于生命本身的气质。每一个人都行色匆匆,孩子们被课业压得喘不过气来,教师被成绩比较而形成优劣阵营,这样的学校就不会是一所好学校。什么是好学校?孩子们表情舒展,教师们精神敞亮——每到一所学校,我总喜欢以这样的眼光去观察师生的生命状态。我发现,在好学校,孩子们的脸总是明晃晃的,有美好期待;教师的行色总是从容优雅,有专业自信。女孩子清新可人,男孩子风度翩翩,生命在人性层面焕发出动人光彩。一句话,每一个生命都自然而然地生长,这里有一种难以言说的气息在校园里弥漫开来、传播出去。面对此,我只能说:好学校是舒展的。

## 好学校有鲜明的特色

办学特色是一所学校整体呈现出来的系统性特征,集中表现在基于学校文化的课程体系。学校办得好不好,不在于规模有多大,而在于特色是否鲜明,是否有足以体现自己文化的课程架构。好学校行走在有逻辑的课程变革之路上,努力让学校课程富有倾听感,关注学生的学习需求;拥有逻辑感,建构严密的而非拼盘的课程体系;嵌入统整感,更多地以整合的方式实施而非简单地做加减法;饱含见识感,以丰富学生的学习经历为取向;提升质地感,课程建设触及课堂教学变革,课堂教学呈现出新的文化样态。一句话,好学校课程目标凸显内在生长,课程内容突出学习需求,课程结构强调系统思维,课程实施张扬生命活性,课程评价与管理彰显主体向度。好学校关注学习方式的多变性和场景性、学习时间的灵活性和可支配性、学习空间的多元性和舒适性、学习资源的丰富性和易得性,让所有的时空都成为课程场景,让孩子们学习作品的形成、展示、发布、分享成为校园里最美的景观,让时空展现出生命成长的气息和灵动。是啊,好学校有生命里最美好的记忆。

## 好学校有厚重的底色

厚重的底色不在于办学时间长短,而在于拥有强烈的文化自信。进入学校,我喜欢看墙上的"文字"。多年经验告诉我,文化不在墙上,很多时候,墙上的文字越多,学校的文化含量越低。道理很简单,大量文字堆放在墙上,说明这种文化还没有被老师们普遍认同,更谈不上内化于心、外化于行;说明这种文化还缺乏影响力,还没有被大众广泛接受,需要宣示和传播。一所学校是否拥有自己的教育哲学,是否拥有自己的教育信仰,是它"底色"如何的重要侧面。毫无疑问,好学校应该有自己的教育信仰。但是,教育信仰不是文字游戏,不是专家赐予的东西。信仰是从内心深处生长出来的,是从脚底下走出来的,是从指尖流淌出来的,是慢慢地生长出来、慢慢地走出来、慢慢地流淌出来的东西。唯有"慢慢地"才能"深深地","深深地"才能"牢牢地",扎下根来,进入我们的灵魂,融入我们的血液,成为我们生命的构成,成为我们前行的力量。文化总是无言或少言,但让人作出判断和选择。好学校,你一走进去,一种向往感、追慕感、浸润感便油然而生。因此,好学校是柔软而有力的。

美国思想家梭罗在《种子的信仰》一书中把好学校比喻为"一方池塘",每一个孩子在其中如鱼得水,自由自在,这就是"回归自然"的状态。不是吗?好学校总是这样的——温润,纯粹,舒展,美好,柔软而有力——这也是本套丛书聚焦的一批学校的性格色彩。

杨四耕

2023 年 2 月 21 日于上海市教育科学研究院

# 目 录

序一 / 管文洁 / 1

序二 / 许晓芳 / 1

前言　学校的文脉与文化 / 1

## 第一章　唤醒每一个孩子对生命的感动 / 1

　　理想的教育是"教育"与"化育"的合金,是环境熏陶、人格感化、风气驱使、价值引领、精神感召和意义赋予的结果。从校史文化入手,铸就学校精神;从特色课程出发,打造学校品牌;从实践活动渗透,塑造学校美德,实现"点拨"与"熏陶"的有机结合,唤醒每一个孩子对生命的感动,便是学校德育的使命。

　　第一节　文铸魂:文化育人的史诗 / 3
　　第二节　美立品:课程育人的美学 / 14
　　第三节　行塑德:实践育人的赞歌 / 25

## 第二章　课程就是文化的相遇 / 37

　　教育是一种叮咛，是一种提醒，是一种澄澈的对话。在一定意义上，课程就是孩子们与文化的相遇和融合。学校课程理应点燃每一个孩子的希望之光，把生命的光芒照亮，把生命内在的真善美召唤出来。

第一节　把内在的真善美释放出来 / 39
第二节　让孩子成为苏世独立之人 / 43
第三节　设计蕴含力量的学习经历 / 52
第四节　让每个孩子学会美好生活 / 58


## 第三章　每一堂课都是情绪的萌动 / 81

　　每一堂课都是一次情绪的萌动，都是一次心灵的唤醒，都是一次智慧的启蒙，更是一场成长的邂逅。课堂应洋溢着爱与生命的温暖，是教与学的共生共进，是教学方式的迭代与教育境界的更新。

第一节　从观念到情感 / 83
第二节　从静态到生成 / 87
第三节　从知识到境脉 / 90
第四节　从学科到素养 / 95

第五节　从原子到结构 / 100

# 第四章　在学生面前呈现教师的全部人格 / 109

叶澜教授说：教师在学生面前呈现的不只是"专业"，而是其全部的人格。优秀的教师是明亮的教师，拥有博大的胸怀，热爱教育事业；优秀的教师是闪亮的教师，拥有良好的文化素养和扎实的专业能力；优秀的教师是灼亮的教师，具有研究性思维，能够用研究意识来解决问题；优秀的教师是敞亮的教师，能够创造性地处理教育问题。

第一节　明亮　师德高尚 / 111
第二节　闪亮　术业专攻 / 118
第三节　灼亮　真知灼见 / 129
第四节　敞亮　智慧策略 / 137

# 第五章　唤醒学校内涵发展的力量 / 145

管理就是唤醒，唤醒与我们交往的人去向善、向美、向好，向着一切可能去努力。激活部门活力，感召教师本心，用心下沉服务，赋能成就他人……唤醒教师，唤醒学生，唤醒家长，唤醒社会，充分利用正能量，提升学校内涵发展的力量。

第一节　燃梦式管理：基于梦想　怀有育人激情 / 147

第二节　概念式管理：挖掘根源　解决实际问题 / 151

第三节　走动式管理：加强走动　遇见美好校园 / 159

第四节　情境式管理：适时调整　强化有效管理 / 162

第五节　分布式管理：去中心化　实现平等共享 / 165

## 第六章　在校园中寻觅美的踪迹 / 169

  学校，与美邂逅的地方。美的校园可以唤醒人的内心世界，激发儿童对美的感悟和体验。在学校建筑、校园景观和绿化设计中融入美学元素，创造出富有艺术感和舒适感的空间，为儿童提供欣赏美与感悟美的机会，引导儿童在校园中寻觅美的踪迹，激发儿童对美的追求，是学校空间美学的使命。

第一节　校园空间美学的实用性 / 172

第二节　校园空间美学的物质性 / 181

第三节　校园空间美学的标识性 / 198

## 后记 / 203

# 序 一

苏民学校是一所有着悠久办学历史的九年一贯制学校,它创办于1934年,是为纪念许苏民先生而建,取"以苏民生"之义而名之,距今已经有九十年的历史。回顾学校办学历史,"以苏民生"成为学校发展的主旋律,唤醒民智成为学校教育价值的核心取向,幸福成长成为学校办学的宗旨。由于种种复杂因素,学校在过去的办学过程中遇到了前所未有的困难和发展瓶颈,自"十三五"开局起步,苏民学校奋起直追、蓄力改革。令人瞩目的是,这一过程真切地成为学校整体发展的主导力量,也展现了学校在时代中的责任与担当。

2019年6月,中共中央、国务院发布《关于深化教育教学改革全面提高义务教育质量的意见》,意见明确提出,学校教育要坚持"五育"并举,全面发展素质教育,激发学校生机活力,推进现代学校制度建设和文化建设。在学校发展层面上,制度建设与文化建设同样重要,而在育人意义上,文化建设甚至比制度建设更加重要,良好的学校文化拥有一种无形而巨大的力量,对每一位师生都有着潜移默化的教育作用。正如行为科学家罗杰·巴克说的:环境对于激发和形成人在环境中的行为方式有很大的影响。中小学校作为实现素质教育的最重要阵地,必须加强义务教育学段学校文化建设,发挥学校文化育人功能,让学校变成每个学生温暖的家园、幸福的乐园。

苏民学校在学校文化建设方面具有显著的先发优势,"唤醒教育"的内涵一直根植在学校的办学历史文脉中。学校抓住制定"十四五"规划的契机,合全校之力,集全校之智,深入梳理"唤醒教育"办学理念,形成了"唤醒教育"下六个维度——"唤情德育""唤智课堂""唤趣课程""唤爱教师""唤能管理""唤美校园"的全面策划与落实。2022年4月苏民学校申报立项了区重点课题《基于"唤醒教育"理念的学校文化图谱建设研究》，全方位从学校办学愿景、办学方向、办学思想等各方面进行了理论层面的打磨，这也成了本书出版的理论雏形。

唤醒教育就是通过主体间的意义对话，从人的生命深处唤起沉睡的自我意识，解放其内部心灵，促使人的价值观、生命感、创造力等全面觉醒，以实现自我生命自由自觉建构的教育过程。唤醒教育理论主要是唤醒学生的自我意识和生命意识，促进学生精神的解放，并且全面发展学生的素养。在此基础上，这本书从学校整体的规划愿景入手，分成六大板块进行设计，既是对学校未来的规划，也是对每个部门的要求，它是苏民学校整体办学愿景的一次集中体现，也是对苏民学校今后发展具有指导性意义的一本蓝皮书。

基础教育是帮助学生"扣好人生第一粒扣子"的关键阶段，要坚持育人为本、德育为先的方针，将德智体美劳"五育"融合成一个全方位、全过程的育人体系。几十年筚路蓝缕，我国的基础教育已经取得了巨大的成就和长足进步，迈过大踏步快速发展的阶段，高质量发展已是新时代我国基础教育发展的主题，"内涵式发展"成为学校发展的办学思路。走"内涵式发展"之路，实现学校可持续发展，这就要求办学者站在面向未来和创造未来的高度，站在历史传承和当前实际的基点，用审辩式思维，对学校全面工作进行一个完整性的顶层设计和路径规划。在践行先进办学理念、遵循教育规律和学生成长规律的基础上，按照建构主义理论和教育相关理论，从学校文化、学校治理、学校课程、高效教学、德育教育、教师队伍、教育评价等方面进行体系化构建，全面建构起学校"高质量教育体系"；在整体上和长远上解决学校"培养什么人""怎样培养人""为谁培养人""谁来培养人""培养得怎样"等问题；在现实中短期内解决学校办学的"随意化""碎片化"和"同质化"问题；在理论上解决"内涵式发展""多样化发展""特色化发展"的办学理念和目标问题;在实践上解决学校文化与学校课程、教学、德育"两张皮",以及实施低效问题;在效果上,真正实现中小学优质均衡发展,办好人民满意的教育。

对苏民学校而言,我们深入思考的关键点是:传承和创新。我们准确解读本校发展的历史,挖掘学校沿革与发展中的文化脉络,继承和发扬优良传统;践行办学理念,建设在理念引领之下的校园文化,最终将"唤醒教育"校园文化融入学校办学的顶层设计中,也融入全体师生的教育体验中。

苏民学校在"为了师生幸福成长"的办学宗旨上不断注入时代发展新的元素,梳理、凝练办学理论——"唤醒教育":让大脑清醒起来、人格丰富起来、精神澄澈起来。它是学校"为了师生幸福成长"办学宗旨的新时代诠释,是学校发展素质教育的个性化实践样态,是学校文化图谱的总纲领。"让每一个心灵澄澈明亮,让每一个生命幸福成长"的办学理念指引着学校向着办学愿景"办一所澄澈明亮的学校,即创建文化灿烂的学校,培育心灵澄澈的儿童,造就精神明亮的教师"前行。

近年来,苏民学校校园文化建设卓著、办学成果斐然,"十三五"期间,学校先后被评为上海市素质教育实验学校、全国艺术教育先进单位和上海市艺术教育特色学校、上海市航天科普特色学校、市平安示范单位、市安全文明校园,是上海市二期课改基地学校、上海市九年一贯制学校专委会理事单位、嘉定区文明单位、区教育系统先进单位、区未成年人思想道德建设示范校、区学校文化建设示范校、区加强初中工程优质校、区家长委员会先进集体……一组组喜人数据、一项项亮眼成绩,见证着苏民学校"让每一个生命幸福成长"办学宗旨的坚实履痕,这就是探索基础教育高质量发展办学路径的苏民答案。

上海市嘉定区教育局局长

# 序 二

在悠远的历史长河中,教育始终如一盏明灯,照亮人类文明的进程。而今,在新时代的曙光下,这盏明灯愈发熠熠生辉。中共中央、国务院、教育部以及上海市教委相继发布了一系列政策文件,为教育的改革与发展指明了方向。《唤醒教育:触发生命的感动》一书,便是在这样的时代背景下应运而生,它承载着对教育的深刻思考与无限期待,为我们揭示了一条通往幸福成长的新路径。

国家之政策,如春风化雨,滋润着教育的沃土。立德树人、全面发展,这是国家对教育的殷切期望,也是《唤醒教育:触发生命的感动》一书的核心理念。书中深刻阐述到教育的真谛不在于简单的知识传授,而在于唤醒学生内心深处的力量,引导他们追寻真、善、美的脚步。通过教育的熏陶和滋养,学生将逐渐成长为有道德、有文化、有纪律的社会主义建设者和接班人,为国家的繁荣与民族的复兴贡献自己的力量。

教育之规划,如细水长流,渗透着教育的每一个环节。课程改革、课堂教学、教师队伍建设……这些看似琐碎的细节,却是决定教育质量的关键所在。《唤醒教育:触发生命的感动》一书对此有着深刻的认识和独到的见解。它倡导以学生为中心的课程设计,让课堂成为学生自由探索、自主创新的乐园;它强调教师的专业素养和教育智慧,让教师成为学生成长道路上的引路人和守护者。在这些规划的指引下,教育将焕发出勃勃生机,成为学生幸福成长的坚实保障。

上海之探索,如勇立潮头,引领着教育的创新与发展。国际化、信息化、个性化……这些前沿的教育理念和实践,正在嘉定区的教育领域落地生根。《唤醒教育:触发生命的感动》一书便是这些探索的生动写照。它借鉴国际先进的教育理念和方法,融入本土文化的精髓,为学生打造了一个开放、多元、包容的学习环境;它利用信息技术手段,打破时空的界限,让优质教育资源触手可及;它关注学生的个性化需求和发展,让每一个学生都能在教育的舞台上找到属于自己的精彩。

这次,受陈校长邀请,撰写新书《唤醒教育:触发生命的感动》的序,才了解到学校破解一个难题后又迎来新的问题:学校干部队伍青黄不接。为了快速地培养和提拔干部,陈校长组织干部进行头脑风暴、研讨交流、问卷调研等,引导干部进行学校及部门的顶层规划。陈校长要求每个部门通过学习、培训、研讨制定"十四五"部门规划,并规划在五年内有"出相",且计划将干部们的"十四五"规划用出书的方式提炼其理念和执行过程。在我看来,校长是在组织培养中层干部的领导力,用共享的愿景和价值目标来引领学校的发展。同时,通过"十四五"规划到教育教学的研究也处理好了集中与民主的关系,统一思想、统一意志、统一行动。今天,当我看到《唤醒教育:触发生命的感动》这本书的初稿时,我知道,在"十四五"的关键年,陈校长的干部培养愿景正在实现。本书的六个维度"唤情德育""唤智课堂""唤美校园""唤爱教师""唤能管理""唤趣课程"对应了学校行政"六个部门",本书的撰写过程本身就是一次推动学校整体办学愿景和目标的实现过程,而本书也是各个部门五年规划细化落地的策划书,更是学校规划未来的一本蓝皮书。

在嘉定区苏民学校的实践中,《唤醒教育:触发生命的感动》一书的理念得到了充分的验证和体现。学校在唤醒教育不断完善的过程中,积累了一批典型案例。本书结构清晰明了,从德育、课程、课堂、教师、管理到校园,全方位地阐述了唤醒教育的核心理念和实践路径。全书以德育为基石,通过文化和实践活动触动学生生命感动;以课程为载体,释放学生内在品质;以课堂为阵地,唤醒师生智慧;

以教师为关键,唤起育人使命;以管理为手段,唤醒学校内涵发展力量;以校园为环境,建构审美境界。这些章节相互关联、层层递进,形成了一个完整的教育体系。这样的结构设计不仅展现了作者对教育的深刻思考和全面把握,也为读者提供了一条清晰的学习和实践线索,有助于读者更好地理解和应用唤醒教育的理念和方法。学校通过唤醒教育的力量,让每一个学生都能够在知识的海洋中自由遨游,实现自我价值的最大化。同时,学校也十分注重培养学生的创新精神和实践能力,引导他们关注社会、关注未来,成为具有全球视野和领导力的新时代青年。

展望未来,嘉定区苏民学校将继续以《唤醒教育:触发生命的感动》一书为理念引领,不断探索与实践教育的真谛。相信,通过唤醒教育的力量,每一个学生都能够拥有更加美好的未来,为国家的繁荣与民族的复兴贡献自己的力量。同时,我们也期待与更多的教育工作者和关心教育的人们共同携手,为构建更加公平、优质、创新的教育体系而努力奋斗!

上海市嘉定区教育学院党总支书记、院长

前　言

## 学校的文脉与文化

办好人民满意的教育,是新时代背景下每一位教育工作者的奋斗目标和前进动力。立德树人是教育的根本任务,是教育现代化的方向目标,我们在培育学生发展、促进学生健康成长的同时,也在成就教师发展和学校发展,这是苏民学校一切工作的出发点和落脚点。

苏民学校是一所有着悠久历史的学校,创办于1934年,为纪念许苏民先生而建。许苏民,原名朝贵,取"以苏民生"之义而名之。"以苏民生"就是要让"寓的明,贫的富",用现在的话来讲就是"唤醒民众学知识,明道理,学技术,获能力,最终过上幸福的生活"。回顾学校办学历史,"以苏民生"成为学校发展的主旋律,唤醒民智成为学校教育价值的核心取向,幸福成长成为学校办学的宗旨。然而,由于种种复杂因素,学校在办学过程中遇到了前所未有的困难和难以突破的瓶颈。从"十三五"开局起步,苏民学校奋起直追、蓄力改革,锐意进取和奋力转型,并实实在在地成为学校上下的主旋律,也彰显出一所学校的时代担当。

对苏民学校而言,我们深入思考的关键点是:传承和创新。我们明确目标、凝心聚力、创新突破,我们卧薪尝胆、积极向上、团结奋进。在"为了师生幸福成长"

的办学宗旨上不断注入时代发展新的元素,梳理、凝练办学理论——"唤醒教育":让大脑清醒起来、人格丰富起来、精神澄澈起来。它是学校"为了师生幸福成长"办学宗旨的新时代诠释,是学校发展素质教育的个性化实践样态,是学校文化图谱的总纲领。"让每一个心灵澄澈明亮,让每一个生命幸福成长"的办学理念指引着学校向着办学愿景"办一所澄澈明亮的学校,即创建文化灿烂的学校,培育心灵澄澈的儿童,造就精神明亮的教师"而努力!

近几年来,一组组喜人数据标注新高度,一幕幕感人画面传递新温暖,一段段真实故事记录新艰辛,苏民人不断爬坡过坎,那种铿锵,那种激情,那种共识,那种自信,那种担当,那种超越……见证着"让每一个生命幸福成长"的坚实履痕。

"唤醒教育"的内涵一直是根植于我校的办学历史文脉中,本书通过对学校办学基因的提炼过程叙述、对"唤醒文化"校本化的研究与定义,着重向大家介绍构建"唤醒文化"的学校物质文化与精神文化及制度文化的重点图谱脉络。

"唤醒教育"是德国文化教育学的一个衍生概念。"唤醒教育"就是通过主体间的意义对话,从人的生命深处唤起沉睡的自我意识,解放其内部心灵,促使人的价值观、生命感、创造力等全面觉醒,以实现自我生命自由自觉建构的教育过程。对苏民学校而言,唤醒教育是以唤醒的方式培育觉醒的人的教育,是让大脑清醒起来、人格丰富起来、精神澄澈起来的教育,是学校发展素质教育的个性化实践样态。我们所说的"唤醒教育"研究的就是办学理念与文化建设之间的对应策略,通过构建学校的文化建设谱系、明确其内涵与功能,为学校办学内涵的丰富和文化建设的深入提供科学性与可操作性策略。

众所周知,校园文化是在校园内,经过长期历史积淀而形成的、以校内师生为主体创造并共享的校园精神环境与文化氛围,它包括物质文化、精神文化和制度文化三个层面。物质文化包括校园的教学科研设施,工作、学习、生活场所和校园环境；制度文化包括学校的教学、科研、校风、学风、生活模式和管理制度等；精神文化是校园文化的灵魂，它包括学校的历史传统、人文精神和办学风格。所以，办学理念是学校文化建设的前提纲要，而学校文化又是学校办学理念的体现。而谱系学的研究方法，可以对学校办学历史进行调查研究，形成调查报告，在调查报告的基础上，对"唤醒教育"的文化进行理论研究和内涵研究，构建"唤醒教育"文化下学校物质文化与精神文化及制度文化重点图谱脉络，最终实现构建苏民文化建设谱系、编制保障谱系落实和有效推进的根本目标。

因此，我们开展"基于'唤醒教育'理念的学校文化图谱建设研究"的意义在于挖掘人文底蕴，继承学校传统，守正创新。苏民学校是为纪念许苏民先生而建的一所学校，历经"职业初级学校""苏民中学""惠民中学"等名称上的变迁，它始终有着以"以苏民生——生民力，开民智"为己任的办学底蕴。进行以"唤醒教育"为基础的学校文化图谱研究，就是要准确解读本校发展的历史，挖掘学校沿革与发展中的文化脉络，继承和发扬优良传统。这种图谱的形式，可以通过图像更好地呈现事物的形式，通过系统的分类编辑来说明学校办学框架及内容的图表，有些甚至是根据实物描绘或摄制而成，可以更加直观和清晰地由数据、图表等反映我们的办学理念、办学思路、办学内容及办学效果。

开展"基于'唤醒教育'理念的学校文化图谱建设研究"另一个意义是践行我们的办学理念，是建设在理念引领之下的校园文化。学校一直在推进校园文化建设，贯彻"为了师生的幸福成长"的办学宗旨，尤其是2020年制定"十四五"发展规划以来，明确了力争成为"新优质学校"的办学愿景和"让每一个心灵澄澈明亮，让每一个生命幸福成长"的办学理念，为学校的转型发展指明了方向。本研究不仅是对校园文化建设的深入思考，也是对幸福苏民办学实践的又一次探索。

其次，研究也可以进一步丰富学校发展的内涵，助力学校提升办学品质。学校立足南翔,围绕"唤醒教育",致力唤醒儿童心灵深处的生命感,让每一个孩子成为精神澄澈的人。本研究为校园文化图谱研究,挖掘学校人文底蕴,重拾学校办学精神,分析和反思学校当前的价值取向与办好人民满意的教育的具体差距,通过梳理和分析,最终确定适合学校发展的文化内容,真正解决学校文化建设中的深层次矛盾和影响学校健康发展的薄弱环节。

"唤醒教育"是对许苏民先生的一种怀思,是对他教育情怀的一种传承,是当下作为教育人的我们对想办一种怎样的教育的回答,更是学校未来走向何处的指引,它是我们的一种教育追求。

人最大的力量来自人的内心,"唤醒教育"就是要唤醒教育主体和各类教育利益相关者心中沉睡的力量。教育是一个灵魂唤醒另一个灵魂,是一颗心灵感召另一颗心灵,是一个生命点燃另一个生命的力量,是人类集体心灵参与的智慧活动。因此,"唤醒教育"是一种教育追求,也是一种教育状态,更是一种教育境界。

基于此,学校发展规划围绕六个"唤"的实践维度展开,它们分别是"唤情德育""唤趣课程""唤爱教师""唤智课堂""唤能管理""唤美校园"。为了更有序地开展六大重点项目,我们对学校办学历史和文化图谱建设情况进行调查研究,梳理经验、提炼基因。通过学校网上校史馆、陈列馆、校史剧场等资料进行学习、实地观摩、调查梳理等,学习许苏民的生平事迹及办学经历,了解学校历史文脉,提炼学校办学历史的关键基因,梳理并确定学校办学重点与办学方向,了解学校文化图谱建设情况,形成调查报告。在调查报告的基础上,对"唤醒文化"进行理论研究和内涵研究,结合校情,对"唤醒文化"进行校本化的研究与定义,构建"唤醒文化"下学校物质文化、精神文化及制度文化重点图谱脉络,构建"唤情德育""唤趣课程""唤智课堂""唤能管理""唤爱教师""唤美校园"等六大主题的学校文化图谱建设子课题。随着子课题研究的开展,我们开始建构"幸福文化"建设谱系。在深入阐释了"唤醒文化"的内涵之后,对"唤醒教育"进行深入提炼,研究学校校园文化建设的总图谱脉络,研究学校校园文化建设的总图谱下的细化脉络,研究学校校园文化建设的特色项目建设与提升,特别是物质文化、精神文化和管理文化的打造。最后,编制保障谱系落实及有效推进的管理与评价办法,着力研究谱系在学校文化建设中的落实管理制度,研究谱系在学校文化建设过程中的评价机制与方法,研究谱系在学校文化建设过程中的改进与提升,编制制度文化实施落地的管理手册。

在此,不得不提"唤智课堂"这一板块,我们已经在华东师范大学出版社出版了《课堂是照亮彼此的地方》一书。对课堂的聚焦可以说是苏民学校"唤醒教育"研究的一大亮点。教育改革,关键在学校;学校教育,关键在课堂。"唤智课堂"是实现"唤醒教育"的重要落脚点,在顶层设计与教学实践相结合中,学校不断确定并改进唤智课堂观察指标,这一教学评价工具是改进教学方法、落实"唤智课堂"的要义,是改善教学水平的重要抓手。在"唤智课堂"观察指标不断完善的过程中,我们积累了一批体现指标落实的典型案例。我们在指标上将课题观察划分为轻松、投入、灵活、深刻、创造等维度,细化操作指标,在构建快乐课堂、有效课堂和促进学生思维能力的发展方面,取得了令人瞩目的效果。

在其他项目的推进中,我们也将不断深入探索和研究,进一步确定发展思路与保障措施。一方面我们对校史文脉进行梳理。因为学校文化是学校持续发展的基石,是以核心价值观为主导的学校精神、风气、制度、行为和环境等要素的集合体。学校失去了文化支撑,师生的精神家园就会逐渐荒芜,学校的办学层次也将流于平庸。当前,在新的历史起点上,梳理和提炼学校文化正是促进学校发展的重要战略。为此,我校努力准确地解读本校发展的历史,挖掘学校沿革与发展中的文化脉络,分析和反思学校当前的价值取向与办好人民满意的教育的具体差距,通过梳理和分析,最终确定适合学校发展的文化内容,真正解决学校文化建设中的深层次矛盾和影响学校健康发展的薄弱环节。同时,我们也进行整体的规划。学校发展规划是学校管理的基础,是学校发展的纲领性文件。因此,学校发展规划的制定,不是学校领导拍脑袋想出来的,也不是专家闭门造车写在纸上的,而是学校行为。我们充分发动了全体教职员工协同作战,汲取各方智慧,系统地诊断,共同描绘学校发展的美好蓝图,表达师生家长共同的愿望和憧憬。学校德育、课程、教学、教师、管理等是学校发展的核心要素,但各部分的发展并不是孤立的,而是相互联系的。一个方面的发展存在问题,可能是由另一个方面的发展受到限制所引发的。因此,学校发展需要整体的视角和系统性思维,从学校整体上谋划、全局上把握。更重要的是,我们进行了多端切入,在规划实施过程中,我们形成问题,即学校发展契机的意识,并进行学校发展问题识别与优先性排序,对问题清单依据紧迫而重要、不紧迫而重要、紧迫而不重要、不紧迫也不重要的顺序,进行优先性排序并依次解决。学校在确定发展愿景和方向后,把各项工作分解并落实到学校各有关部门甚至教职员工个人,形成各部门工作目标、个人发展目标和学校总体发展目标一致,呈链式状态,最终使学校发展规划成为内在联系的整体系统,实现学校各部门工作的合理组合、统筹兼顾,从而使学校各部门乃至广大教职员工能够真正在规划的引领下结合实际进行自主思考和创新,为学校的发展群策群力。最后,我们也将进行系统提炼,对已有经验进行全面盘点,并从理论上和操作上进行总结。我们对学校发展方式进行更深层次上的思考,有助于建构新的发展理论,也在实践中发现存在的问题并及时讨论应对方案。同时,通过提炼总结,形成更多的物化成果,进一步明确学校优势、特色和品牌所在,不仅提升学校士气,还为学校的进一步发展提供行动指南。

《唤醒教育:触发生命的感动》一书,是起源于苏民学校校史,基于"唤醒教育"

理念而生的，它是学校顶层规划设计与实践思考的蓝皮书，是学校办学哲思下的产物，是一种精神内核的感召，更是学校师生凝心聚魂的强磁场。

我们就是基于上述综合考量，在"唤情德育""唤趣课程""唤智课堂""唤能管理""唤爱教师""唤美校园"的六个维度上做了一系列的实践与思考，并形成了此书所述相关文述，敬请读者见证学校实践与发展。

时间转瞬，岁月更迭，从2019年到2024年，在本书记录素材的岁月里，我们惊喜地发现：苏民学校教育设施更完善了，教师结构优化了，校园环境焕然一新了，苏民人心更齐了、气更顺了、劲更足了、质更优了、誉更美了。回望过去，每一步都很艰难，但每一步都充满希望！

教育的幸福关乎社会的和谐，苏民幸福校园的建设也会一直在路上，我们将在现有的基础上继续努力，期待在一定的时间跨度后，再来检验此书进一步的效果。当然，我们也期待得到广大读者的真切反馈。

上海市嘉定区苏民学校校长　陈丽雅

2024年5月15日

# 第一章 唤醒每一个孩子对生命的感动

理想的教育是"教育"与"化育"的合金,是环境熏陶、人格感化、风气驱使、价值引领、精神感召和意义赋予的结果。从校史文化入手,铸就学校精神;从特色课程出发,打造学校品牌;从实践活动渗透,塑造学校美德,实现"点拨"与"熏陶"的有机结合,唤醒每一个孩子对生命的感动,便是学校德育的使命。

立德树人是教育的根本任务。在基础教育阶段，德育工作是学校工作的灵魂。中小学阶段是学生个人成长以及世界观、人生观和价值观形成的关键时期，做好这一阶段的德育教育工作，能够帮助青少年学生扣好人生的第一粒扣子，养成良好的政治素养、道德品质、法治意识和行为习惯，促进核心素养的提升和全面发展。开展新时期的德育教育工作，基于文化、课程、实践等多种育人途径，通过价值引领、精神感召和意义赋予、环境熏陶、人格感化、风气驱使的结合，以期实现点拨与熏陶、指导与化育的有效融合。因此，苏民学校在精准对标党的教育方针政策以及严格落实《中小学德育工作指南》（教基〔2017〕8号）要求的基础上，围绕学校教育理念，不断探索学校德育工作特色：一是"文铸魂"，基于"唤醒教育"这一根植学校的历史文脉，以传承与发扬许苏民教育情怀、人格风范、生活品位为价值追求，重新梳理并形成"三风"，并且从优化校园文化环境、重视班集体文化建设、讲好校史文化、建设网络文化等方面让校园处处成为育人场所，营造向善尚美的校园文化氛围，凸显文化育人；二是"美立品"，以学生核心素养培育为价值追求，紧紧围绕"唤情德育"理念和"培养爱国诚信、明志砺学、向善尚美的幸福学子"的德育目标，努力挖掘校史中的红色基因，从严落实德育课程，发挥其他课程德育功能，用好地方和学校课程，发挥课堂教学在育人中的主渠道作用，将"三馆"（"南翔教育展示馆""许苏民生平事迹陈列馆""网上校史馆"）红色课程、"法佑苏民"课程、"四条走廊"德育课程（美术走廊、音乐走廊、科技走廊和安全体验走廊）与"学科德育整合"课程相融合，形成九年一贯整体设计的"弘扬苏民志向"课程体系,做到课程育人;三是"行塑德",利用节庆纪念日、仪式教育活动、校园节(会)、团队活动等,开展形式多样、主题鲜明的活动,不仅为学生提供展现自我、发展自我的舞台,而且使学生的创造力、表现力、组织力、沟通力等能力得到显著提升,以鲜明正确的价值导向引导学生的目标,落实活动育人。同时,通过开展劳动实践、研学旅行、志愿服务、假日小队等各类主题实践,为学生提供各种平台,让学生的行为习惯在实践体验中从他律转为自律,达到"知行合一",不断增强社会责任感、创新精神和实践能力,达成实践育人。

从校史文化入手,铸就学校精神;从特色课程出发,打造学校品牌;从实践活动渗透,塑造学校美德,实现"点拨"与"熏陶"的有机结合,唤醒每一个孩子对生命的感动,便是学校德育的使命。这里,侧重从体现文化育人功能的"文铸魂"、承载课程育人使命的"美立品"以及推进实践育人创意的"行塑德"三个角度阐述"唤情德育"的实践和探索(见图 1-1)。

## 第一节 文铸魂:文化育人的史诗

文化育人是德育实施途径之一。文化育人的提出可以从宏观、中观和微观三种不同的视域来考察,可以说文化是"人化"和"化人",理想的教育是"点拨"与"熏陶"的合金。基于学校文化导向功能、陶冶功能、约束功能和凝聚功能,文化育人的实施路径和方式主要为环境熏陶、人格感化、风气驱使、价值

图 1-1 "唤情德育"图谱

引领、精神感召和意义赋予。[①] 因此，我校坚持以文化育人为价值导向，借助校史文化资源优势，致力于弘扬红色校史文化来教育人、影响人，将校史文化与校园环境创设、班级布置结合，同时借助校歌传唱、思政课堂、校史讲解等整合融入育人活动中，深入开展形式多样的文化育人活动，以实现文化育人目标。

---

① 项红专.文化育人的多维审视[J].中国德育,2022(12):32-35.

## 一、在校园环境中获得价值熏陶

学校重视校园文化环境布置,校园随处都融入了我们的"红色基因""吉祥物"等文化内涵。

一是修建了许苏民生平事迹陈列馆和南翔教育展示馆,建造许苏民先生雕像,同时将校风校训、宣传标语、学校吉祥物等作为墙壁文化,使师生耳濡目染,提高他们对学校办学理念的知晓度。

二是将优秀学生照片、座右铭、名人名言和行规要求等进行展示,使学生时刻受到激励和正向的引导。

三是多媒体宣传灌输。苏民学校的校训为:今天我以苏民为荣,明天苏民以我为荣。学校大屏幕设备不间断播放宣传标语、校训、各类主题教育视频等内容,激发师生爱党、爱国、爱校情怀。

【小资料】

许苏民先生是伟大而卓越的教育家,被我党领导人陈云评价为"彻底的革命者"。为追求三民主义,先生年轻时把自己的名字"朝贵"改为"苏民",表达自己"以苏民生"的决心。而苏民初级职业学校在办学理念中,也有使学生"小则借一技一艺以自立;大则发挥其生产救国之宏愿,以济国之穷,而苏民之困"的"苏民"之意,可谓一名双关(见图1-2)。

**图1-2 许苏民**

## 二、在班级文化中凝聚价值认同

学校重视班集体建设,倡导"人人有岗,人人有责"。完善班级小干部培养、培训和实践机制。每学年第一学期学生发展部组织开展"温馨教室创建"评比活动,中小学分别围绕相应主题进行创建。

小学部设置我爱我家、我爱学习、我爱节约、我爱劳动、红领巾争章五个版面,初中部设置我们的约定、班级风采、班级特色、红领巾争章,各班采取多种策略,在美化班级布置的同时优化人际关系、强化学习风气,充分发挥班级文化的育人功能,促进学生的全面发展。

通过活动营造良好的学习环境,激活学生的创造力、想象力和团结协作能力,增强班级凝聚力。各班设立服务小岗位,如多媒体管理员、节能员、图书管理员、垃圾分类专管员、卫生巡查员、光盘劝导员等,增强学生热心为伙伴服务的意识,提升劳动能力及自我管理能力。

每月进行"流动红旗"评选,形成班班竞争的激励机制。每学期初,各班开展班干部评选,推出"公开岗位,自愿报名,演讲竞选,民主投票,落实责任,学期考核"等原则,营造了公平竞争、认真履职的班级文化氛围。

## 三、在校史讲解中收获人格感化

学校在发展过程中会产生记录学校建立、发展、变迁轨迹的历史文化和文献资料,即校史。① 校史反映着学校的办学特色、精神理念,既是学校文化软实力的体现和校园文化建设的内容,又是地方史志特别是教育史的重要组成部分,具有重要的史料价值、文化价值和育人价值。

校史馆讲解员是一支展示学校历史、宣传办学成就、弘扬人文情怀的专业队伍。通过培养校史馆小馆长和讲解员,既能对学生进行广泛、生动、深刻的思想教育,使爱国主义情感深入人心,又能充分发挥学生的组织能力、协调能力、团结意识和集体荣誉感,从而使其真切理解"小集体、大国家"的辩证关系,自然而然地形成生动、高效的爱国主义教育"第二课堂"。

学生活动推动校史文化发展,又深刻反映校史文化的个性化、地域化、时代性和承续性。校史文化的产生、发展与传承,主要借助学生活动来开展,通过学生活动不断加以积累、沉淀和升华,又通过学生活动的复制、流传、创新,彰显出一所学校独特而丰富的校史文化内涵。

## 四、在校歌传唱中获得风气驱使

校歌是对学校办学理念、办学特色、校风、教风、学风的高度凝练,是学校文化的重要组成部分。作为一种音乐的表现形式,校歌犹如学校的精神图腾,与校徽、校训等相得益彰,在激励学生成长、凝聚学校精神、推动校园文化建设等方面发挥着重要的德育功能。一年级新学期学生入校学习的第一首歌曲是校歌,通过一个学期的学习和练唱,确保学生人人会唱、人人能唱。校歌的学习和传唱让学校文化和精神在音符的跳动中潜移默化地深入学生的内心,使得新生在入学起就明白

---

① 殷红.学生在校史文化建设中的作用与影响刍议[J].河南教育(教师教育),2023(4):24-25.

自己肩上的责任和目标,树立崇高的理想信念。"所有艺术都有能力影响情感",而"相比其他任何艺术美,音乐在影响我们的心情方面都来得更直接,更快速,程度更高"。① 每周升旗仪式上,校管乐队也会进行现场伴奏,全体师生合唱校歌,增强了全体师生的凝聚力,激发师生爱国荣校的情感。校歌作为每年学校"迎新合唱音乐会"班级歌曲的必选曲目,学生经过反复的歌唱和感悟,塑造个人道德情操。"我们爱苏民,建设新南翔""我们是南翔的新青年,我们是苏民的新力量""唯我青春,用我力量,建设一个光明灿烂的新南翔",在一遍遍的吟唱中,师生的思想境界与道德情感得到升华,"荣校、兴乡、爱国"的精神力量和价值观得以塑造。

苏 民 校 歌

词:陆象贤
曲:陈歌辛

青年似春花,灿烂又辉煌,我们是青年,爱我好时光。我们是南翔的新青年,
苏民似朝阳,光芒射万丈,我们爱苏民,建设新南翔。我们是南翔的新青年,
白鹤向南翔,洁羽造南翔,我们爱青年,我们念白鹤。我们是南翔的新青年,

我们是苏民的新力量,唯我青春,用我力量,建设一个光明,灿烂的新南翔。
我们是苏民的新力量,唯我青春,用我力量,建设一个光明,灿烂的新南翔。
我们是苏民的新力量,唯我青春,用我力量,建设一个光明,灿烂的新南翔。

## 五、在思政课程中根植红色基因

红色校史文化是落实立德树人根本任务的重要教学资源,能够在青少年的价

---

① 李书成.谈音乐教学的情感因素[J].中国音乐教育,1994(2):42.

值塑造、成长成才中起到重要的支撑作用，挖掘红色校史文化在课程思政建设中的作用，能不断助推红色教育发展。作为嘉定区首批"大思政课"实验校之一，我校发扬"苏民志向"，秉承"荣校、兴乡、爱国"的办学传统，积极探索立德树人、开展思想教育的重要路径，积极推动课程思政与实践思政同向同行，坚持全员全过程全方位育人的基本原则，把思想价值引领贯彻到教育教学全过程和各环节，用好课堂教学这个主渠道，将思政课融入校本"唤情德育"课程体系，形成"灵魂双核、联动双课堂、螺旋上升"的小初学段衔接的大思政育人课程。

**（一）灵魂双核**

以红色历史、时代精神为课程内核，把握培根铸魂育人主线。以红色历史为内核，以三馆——网上校史馆、许苏民生平事迹陈列馆和（南翔教育展示馆）——为核心课程资源，串起红色校史——红色南翔教育史——红色党史的历史脉络，建设"苏民志向"校史馆红色课程。学校每年清明节组织学生进行"爱校一课"活动——为许苏民先生扫墓，激发师生爱家爱校的情怀。充分利用"一景一物"的德育资源，形成感恩励志"六个一"活动。以时代精神为内核，以新闻课堂为核心课程资源，围绕"民族复兴、人类命运、国际视野、行业科普、数字时代"五大主题，深入推进中国特色社会主义伟大实践融入德育，建设新闻素养综合课程。

**（二）联动双课堂**

围绕灵魂双核，建设"思政课堂＋社会课堂"双育人模式。守好思政课堂主阵地，在小初道德与法治学科，开展课程思政备课研讨，以大单元教学为课堂抓手，立足时代大背景，运用新闻课堂等时政教育资源，将时政热点、社会痛点、民生难点纳入思政课范畴,设计基于真实情境、真实问题的教学任务,开展以回归生活、深度思辨、问题导向、真实情境、跨学科主题学习的教学实践探索,落实学科核心素养。创新社会课堂新形式,以"校史馆"红色课程、"新闻素养"综合课程串联德育综合实践活动,开展红色研学、艺术展演、红色主题教育、劳动实践、科技探索项目化学习等多形式活动,结合新闻课堂主题、场所资源开发校本化红色研学课程,发挥实践育人作用。

学校利用校区北面已有的种植园,结合学校大思政育人课程体系,开设了"苏民生态园"的劳动教育基地及劳动教育课程。让全校学生积极地参与种植观赏性与实用性的蔬菜、花卉,在专家与老师的指导下,以学生实践为课程实施目标,为学校创建集劳动、美育、动手实践于一体的生态文明的教学场景,旨在培养学生正确的劳动观念,树立积极向上的人生观与价值观,提高对种植、园艺的美学鉴赏力。在"苏民生态园"的教学场景中,融入学校的"太空种子"科创主题特色,结合中国航天高速发展的时代背景,开设以社团学生为主的"太空种子"智慧种植的科创课程。该课程是以太空种子为研究对象,在航天领域、智慧种植领域的专家及老师的指导下,围绕太空种子在地表以传统种植方式、智能化种植方式、人工物候箱模拟太空各种不同气候条件下的种植方式,展开主题探究的系列课程,以培养学生的爱国主义情怀,提高学生的科学技术素养,提升学生的思考与反思的能力。

### (三) 螺旋上升

作为一贯制学校,我校推进中小学思政教育一体化,围绕"校史馆"红色课程、"新闻素养"综合课程,设置各年级层次递进、循序渐进、螺旋上升的课程内容(见图1-3)。

"校史馆"红色课程　　　　　　　　　　　　　"新闻素养"综合课程

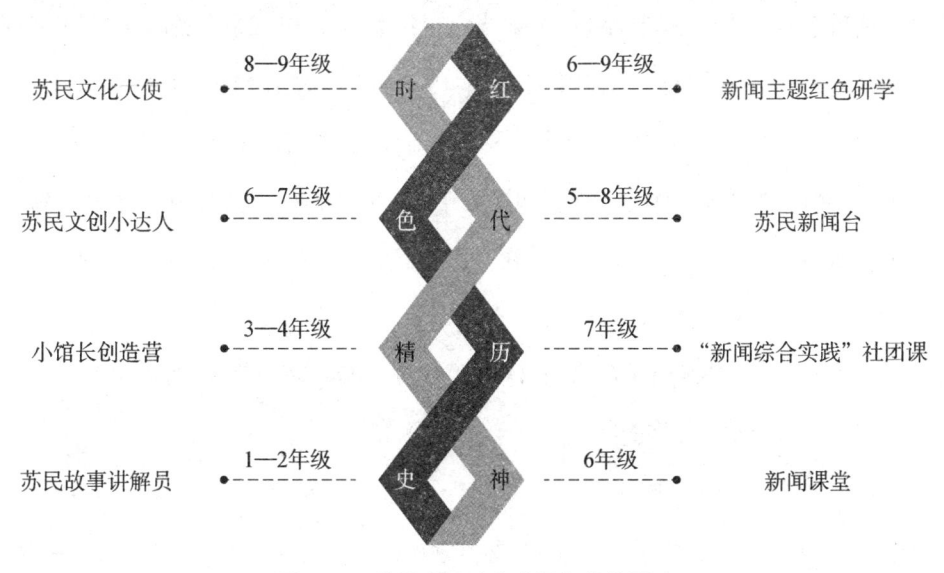

苏民文化大使　●----8—9年级----●　红　　●----6—9年级----●　新闻主题红色研学

苏民文创小达人　●----6—7年级----●　时代　●----5—8年级----●　苏民新闻台

小馆长创造营　　●----3—4年级----●　色精历　●----7年级----●　"新闻综合实践"社团课

苏民故事讲解员　●----1—2年级----●　史神　●----6年级----●　新闻课堂

**图 1-3　苏民大思政育人课程结构图**

"国以史为鉴,校以史明志。"红色校史是记载中国共产党领导中国人民发展教育事业的重要物质载体,也是展示学生精神和激励师生前行的思想宝库。[①] 学校不仅在课堂教学中融入校史进行革命传统文化教育,更基于红色教育资源进行跨学科项目化课程的校本化开发。红色校史在"铸魂育人"的教育实践过程中具有独特价值。

## 六、在戏剧表演中收获精神感召

学生对校史文化普遍感兴趣,但校史教育的方式需要继续开发和研究,将校

---

① 易涛.发挥红色校史铸魂育人功能[N].中国社会科学报,2022-09-22(1).

史与美育相结合的校史剧深受学生喜爱,能激发学生的学习主动性,可以生动诠释家国概念,有效传播主流价值观,贴合学生需求和成长规律,育人效果良好。[①] 基于此,学校编排了红色校史戏剧,以李希昭等杰出校友为原型,讲述一代人的传奇故事或几代人的传统赓续,揭示杰出校友的坚定信念和理想情怀。学生在积极参与红色校史剧编撰、排练和演出中,对其中精神内核的领悟更为深刻,有助于其增强文化自信,审美、艺术修养等各方面的综合实践能力同时得到提升。

### 案例1-1　嘉定区苏民学校戏剧社团招募令

亲爱的各位家长、苏民学子们:

本学期,学校秉承"让每一个心灵澄澈明亮,让每一个生命幸福成长"的办学理念,坚持德育、智育、体育、美育、劳育有机融合,为使孩子们在学习生活中学会做人、学会学习、学会创造、学会生活,提高综合素质,快乐学习,健康成长,特开设校园喜剧社团特色社团活动。请家长与孩子们一起,根据孩子的兴趣积极参加社团报名面试。

1. 社团介绍:根据我校"弘扬苏民志向　培育时代新人"项目推进情况,结合我校全国艺术发展特色学校建设,为我校学有余力的学生继续提供实施和提高才能的广阔空间,为学生搭建更广阔的成长平台,希望学生都能成为"苏民志向"的了解者、宣传者和践行者。为帮助学生从小培养传统文化和革命文化最深层的精神追求,打牢中华民族独特的精神标识,成为"苏民志向"小树苗,以艺术开启幸福的人生,学校将启动"苏民志向——红色戏剧"社团招募。

2. 招募对象:全体四—七年级学生(欢迎八年级学生报名)。

---

① 成一川,董镕.校史剧在新时代高校文化育人中的运用和价值[J].大众文艺,2021(8):163-164,216.

3. 报名方式：向所在班级班主任报名(班主任汇总后交田冰老师)。

4. 报名要求：(1)戏剧社团人数：20人左右。(2)戏剧社团考核标准：根据每学期日常、期末综合成绩进行汇总,考核成绩可以为下一学期再次报名酌情加分。(3)遵守戏剧社团学员规章制度。排练厅是个神圣的地方,作为戏剧校队学员必须做到以下几点：每次课准时参加,不迟到,不早退,如遇特殊情况请在课前向老师办好请假手续;排练厅禁止吃零食或喝饮料,课间休息时可以喝水;课上认真听讲,听从老师的指挥,不做与排练无关的事情;尊重他人的表演,不起哄,不嘲笑他人,学会从别人的表演中汲取经验等。(4)学习戏剧应该使自己成为一个身体健康的人;成为诚实、勇敢,即使失败依然会不断尝试的人;成为做自己并乐于展现自己的人;成为乐于助人、具有独立思考能力的人;成为善待、相信同伴并乐于合作的人。

5. 选拔方式：采用线上面试,招新选拔前每位学员需准备一首歌、一个故事和一段形体表演(舞蹈、武术、广播操皆可),以备选拔当天表演,并决出最后人选。

## 七、在校徽设计中获得意义赋予

我校红色文化历来已久,基于此,我们将学校红色文化的传播弘扬作为学校文化建设的主线脉络,学校努力践行"用传统文化滋养人,用革命文化激励人"的育人使命。以校史为基调,我们开展了新校徽设计、吉祥物征集、卡通人物评选等系列活动,以"SM"(苏民)为主要设计元素的新校徽的设计与发布,更是让我们的师生铭记校史,时刻不忘"苏民志向"。

校徽设计蕴含了苏民学校(1934年建校)百年历史积淀的文化底蕴,将外形设计为封闭的圆形,简单、大方、饱满,体现我校全体师生团结一心,以热情饱满的精神来面对一切,做事情力求圆满成功。

校徽结构以"苏民"的汉语拼音"SM"为主要设计元素,"S""M"分别代表苏民拼音的首字母。"S"的红色代表红领巾,形状似幼苗;"M"的绿色代表绿领巾,形状似含苞待放的花朵;两者构成一只抽象化的白鹤,象征南翔,象征苏民师生团结进取、奋发向上。下面蓝色的波纹,寓意知识的海洋,鼓励学生在知识的海洋里勤奋好学、追求真知。分别代表中小学部的红绿颜色对比强烈,绿色代表理智,红色代表热情,体现了学校师生积极向上的性格和聪明睿智的头脑。白鹤只显露首部设计,有着欲将起飞之姿态,寓意着苏民学校昂首挺胸跨入新时代的雄姿,寓意在纷杂的世界大格局中,苏民人"苏世独立"的清醒头脑和独立人格(见图1-4)。

图1-4 苏民学校校徽

## 第二节 美立品:课程育人的美学

课程育人是课程领域对新时代"以立德树人铸就教育之魂"的诠释。[①] "课程育人"在理论上的逻辑是通过观照课程的"工具属性"与"价值属性",实现教学的

---

① 高树仁,郑佳,曹茂甲.课程育人的历史逻辑、本质属性与教育进路[J].中国大学教学,2022(1):110-112.

"知识价值""能力价值"与"精神价值"的统一。这既源于课程内容的价值增值过程,也是课程主体在教学过程中精神层面的耦合作用与共鸣,是课程实施的系统创新过程。课程围绕目标、内容、实施、评价展开,为学生人人出彩奠基铺路,促进孩子的个性成长。

## 一、素养聚焦性

课程育人需要培养学生的素养,学校在培养学生素养上一直不断突破和坚持,给学生打造美的课堂。核心素养是在新的时代下以新的视角提出的,通过聚焦核心素养可以使教师更加明确课程的指向性,使学生能够以学科知识学习为载体,形成正确价值观、必备品格和关键能力。

如我校"舞之魅"舞蹈社团,曾多次获得上海市学生舞蹈节集体舞展演一等奖、表演舞二等奖、嘉定区学生舞蹈节一等奖、区学生舞蹈节优秀组织奖等,且本校于2019年10月入选为嘉定区首批舞蹈联盟学校。通过聚焦核心素养、开发苏民学子舞蹈潜能,引领学生在"手之舞之,足之蹈之"中提升内在气质、展露内心情感、放飞艺术梦想,培养学生正确的价值观、必备的品格和关键能力。

**案例1-2 苏民学校"舞之魅"舞蹈社团招募令**

嘉定区苏民学校"舞之魅"舞蹈团成立于2007年9月,致力于开发苏民学子舞蹈潜能,以"营造艺术氛围、锻炼良好体魄、陶冶个人情操、展现自我风采"为宗旨。自成立以来,在校园里以它特有的方式和魅力,激发苏民学子们的青春活力,弘扬舞蹈艺术魅力,发展到今天成为由社团组织、由40余名团员组成的舞蹈队。

该团成立以来,得到了学校和家长的大力支持,舞蹈团快速成长。继2019年学校舞蹈团获评"嘉定区首批舞蹈联盟学校"后,2022年又荣获"上海市舞蹈联盟成员单位"称号。社团先后多次获得上海市学生舞蹈节集体舞展演一等奖及表演舞二等奖、嘉定区学生舞蹈节一等奖、中小学艺术展演一等奖、区学生舞蹈节优秀组织奖、上海市国际舞蹈展示活动、区集体舞展示与研讨活动等荣誉。

1. 社团目标

这里是孩子放飞艺术梦想的地方,引领团员们在"手之舞之,足之蹈之"中提升内在气质,展露内心情感。成员通过这一课程使自己在轻松的音乐中、在欢快的鼓点中学到文化课以外的知识,多方面、多角度地提高自身的素质及内在气质,培养吃苦耐劳的精神。

2. 社团口号

炫出自我,跳出自信,舞出精彩,创出奇迹。

3. 社团内容

形体训练,表演舞、集体舞实践课程。

4. 课程实施

非限定性拓展课程+社团延伸,每周两次,以日常训练和短期集训相结合的方式,完成每年市区级比赛和学校交予的各项对外交流演出任务。

5. 社团评价

校园展示、艺术节评比、区市级评比和展示。

6. 社员义务

按时参加本社训练、演出,不迟到,不早退,不无故缺席社内各种活动,自觉维护舞蹈社的声誉,爱护舞蹈团的公共财物,为本团发展出谋划策,不做有损社团荣誉、破坏社团内部团结、阻碍社团顺利发展的事。自觉加强社员间的交流,热心帮助本社社员，达到共同进步。

7. 招收对象

有一定舞蹈基础或有舞蹈爱好的本校在校学生。

## 二、价值增值性

课程内容的价值增值性是学校立足教育的顶层思考，努力融合校内外资源，在学习课本知识的同时拓展校外基地。我校着重在"用好古镇文化资源，培育爱乡爱校情怀""用足特色课程资源，提升学生综合素养""用心拓展社区资源，发展学生创新素养"的课程上开展深入研究和探索，形成以"人文、科技、艺体"为重点的校本特色课程。学校形成了以学生管乐队为核心，国画、舞蹈、合唱、课本剧表演等艺术社团齐头并进的艺术教育发展格局，并拥有完善的"三乐三队二画"的特色课程体系。

如我校管乐社团，创建于1997年9月，是学校艺术社团规模最大、人数最多、编制最齐全的社团，并长期聘请上海音乐学院副教授、法国贝桑松音乐学院硕士研究生、荷兰海牙皇家音乐学院硕士研究生、上海芭蕾舞团和上海歌剧院交响乐团演奏员等10多位专家担任课外器乐教学工作。隶属于"嘉定区学生交响乐团管乐"的"苏民分团"，是"嘉定区管乐联盟单位"，如今又成长为"上海市交响乐联盟单位"。目前我校开设管乐兴趣初级社团、基础中级社团、基础高级社团、演出社团4个班级，共计学生260人左右。学生在管乐课程学习体验中，不仅提高了内在修养，还增强了自信心。学校搭建了很多学生平台，管乐社团的学生总能找到自己的舞台，自信满满。

## 案例1-3　苏民管乐社团招募令

为了全面贯彻党的教育方针,促进学生全面、和谐发展,根据中共中央、国务院印发的《关于深化教育教学改革全面提高义务教育质量的意见》文件精神,我校延续二十余年的管乐艺术教育特色,继续为学有余力的学生搭建更广阔的成长平台和提高才能的广阔空间,现开展学校管乐社团招募工作。

报名条件:

1. 本校六年级学生,有管乐基础者优先。

2. 本次学校管乐社团预计招收队员60名。

3. 学生品德良好、学习态度端正、热爱音乐,愿意服从学校集训、演出安排(包括周末、寒暑假)。

4. 管乐队成员和家长都必须与学校签订《苏民学校管乐队管理协议书》,管乐队的学生都必须按照学校规定时间参加集训与演出。

学校将成立由外聘专家、学校领导、学校艺术分管负责人、学校艺术教师组成的工作小组进行管乐队选拔工作。选拔分为两次:①综合素养测试(问卷形式);②音乐专业素养面试(综合素养测试达标的学生参与)。学校综合两次测试情况择优选拔。

面试内容:①自我介绍(不超过1分钟);②节奏、音高模唱;③才艺展示:演奏或演唱(不超过2分钟)。

符合条件并有意向报名的同学,请在各班班主任处领取电子报名表,并认真填写,由家长确认后在7月3日前交班主任。

苏民学校管乐社团期待您的加入,共同开启学习生涯的新篇章!

## 三、实践创新性

创新是素质教育的核心,推进素质教育,开展创新性教学研究,必须抓好课堂教学这一主渠道,使创新性课堂教学按照课程改革的要求,真正落实到教师的教学之中。

如绘画课程——艺"苏"绮丽油画棒社团,该团由六年级18名学生组成,学校聘请了著名画家、策展人、南方建筑设计研究院副院长、上海商学院艺术学院特聘客座教授、上海美术家协会会员罗卫民老师为我校美育指导教师。"绘世界"油画棒课程,旨在培养学生油画棒绘画技法,体会油画棒材料的丰富可塑性,挖掘油画棒绘画中富含的美好乐趣,培养学生们的审美情趣,以美育人。课堂上,罗老师轻松幽默的讲解和专业细致的示范给学生们带来了全新的艺术体验,每周一次的油画棒课程都在同学的不舍及对下一堂课的极大期待中结束并延续。课程中老师们尊重学生欣赏美的个性,尊重个体差异性,尊重学生在活动中的自我表现和创作,理解学生欣赏美的行为,给予学生自主发展的机会。

## 四、发展激励性

学生的全面发展少不了激励的手段,学校在培养学生方面从多方位、多角度促进学生的课堂兴趣,以学生发展为本,注重评价机制和鼓励方式,使得学生在一点一滴中进步。

例如在合唱课程"小百花合唱团"中注重学生的发展激励性,重视每一名"小百花"健康、快乐地成长。小百花合唱团成立于2020年9月,以南翔文广中心为依托。在成人团百花合唱团的基础上建立起来的小百花合唱团,成员均来自我校三至八年级学生,由镇文广中心聘请专家指导训练。三年的时间里,"小百花们"参加了市级、区级、校级的众多演出和比赛,曾获得第十一届世界和平合唱节儿童组银奖、嘉定区市民合唱比赛儿童组一等奖、上海市市民合唱节优秀市民合唱团等荣誉。学校按照九年一贯制的优势,形成梯队建制,高年级学段以演出参赛为主,中、低年级学段以基础训练为主,培养合唱团的后备力量。

在日常课程上,教师注重梯队培养,让每位"小百花"在合唱展演中都能绽放光彩。教师采用多种评价手段、物质鼓励、语言表达等激励措施,让学生在社团的无形与有形激励中形成独特魅力,开创了课堂氛围浓烈,学生上课积极、相互激励评价、共同进步的良好平台。

### 案例1-4 苏民学校首届"庆元旦、迎新年"合唱音乐会方案

一、活动目的

今年正值"中国人民志愿军抗美援朝出国作战70周年",为了弘扬伟大的民族精神,培育学生的爱国情怀,唱响新时代主旋律,培养师生团队协作精神与审美意识,展示师生风采,丰富校园文化生活,共建和美校园,特举办"以乐载道 唱响幸福——苏民学校首届'庆元旦、迎新年'"合唱音乐会。

二、活动对象

全校师生。

三、活动主题

"以乐载道 唱响幸福"。

四、评审团

组长:陈娟 陈丽雅;

副组长:金莺　龚华;

组员:李俊　李百勉　王皓　刘志峰　黄春慧　李燕　田冰　陆华琼　郜筱曼　周松峰。

**五、比赛形式**

全校队员集体参与,分设小学组、初中组。

1. 小学组:必唱曲目+自选曲目。其中必唱曲目为《苏民校歌》。

2. 中学组:必唱曲目+自选曲目。其中必唱曲目为《苏民校歌》。

**六、参赛要求**

1. 参赛曲目内容丰富,旋律优美,健康向上,可充分展示各班的演唱水平。

2. 歌曲中可加入合唱、轮唱、朗诵等方式。

3. 必须有1名指挥人员,可以是学生,也可以是班主任。班主任参加予以加分。

4. 比赛结束后宣布结果。

**七、活动安排**

舞台总监:胡健;

艺术总监:李燕。

**八、合唱音乐会时间安排**

| 内容 | 时间 | 备注 |
| --- | --- | --- |
| 节目预审 | 12月22日—25日 | 小剧场 |
| 音乐伴奏上传 | 12月19日 | 小剧场 |
| 上传文件夹位置:FTP/大队部/2020学年第一学期/合唱伴奏/各年级文件夹 | | |
| 节目走台 | 12月29日下午 | 小剧场 |
| 合唱音乐会 | 12月31日下午13:00 | 小剧场 |

| 工作安排 | 具体内容 | 人员安排 |
|---|---|---|
| 会场维持 | 会场组织 | 陈丽雅　金莺　龚华　李俊　刘志峰<br>赵微微　封杰　黄春慧　李燕 |
| | 现场主持 | 待定 |
| | 拍照 | 陆志刚 |
| 后勤保障 | 后台保障 | 胡健　封杰 |
| | 音乐音响 | 陆志刚　罗晨 |
| | 资料打印 | 陈红萍　周兰香 |
| 宣传文案 | | 王皓 |
| 节目组织 | 会场维持 | 刘志峰　黄春慧　田冰 |
| | 节目催场 | 封杰　严璞　陈红萍 |
| | 节目指导 | 全体班主任及音乐教师 |

**九、奖励办法**

小学组：设特等奖 1 名，一等奖 3 名，二等奖 8 名，三等奖 17 名。中学组：设特等奖 1 名，一等奖 3 名，二等奖 6 名，三等奖 11 名。

最佳指挥奖：中、小学各 1 名。计入文明班积分。

**十、要求**

1. 高度重视，广泛动员，精心组织，认真训练。本着"提高学生综合素质，促进学生全面发展"的原则，确保活动顺利进行。

2. 歌曲选定要围绕主题，展示新时代中学生风采。

3. 服装统一，组织有序，进退场快、静、齐，纪律良好。

4. 充分调动广大学生的积极性，积极营造良好的校园文化氛围。

5. 未尽事宜，另行通知。

## 五、育人敏感性

学校是孩子第二个家,当孩子走进学校那一刻,每时每地都是"教育活动"。在这些教育活动中,苏民学校的老师在育人过程中拥有高度的敏感性和自觉性,发现生活中和课堂上孩子的表现、课后学生的行为等。教师不仅从自身角度出发,生活中细致入微地观察学生行为举止,还伴随孩子的年龄增长,从孩子们的角度出发,在培养学生时注意方式方法,注意学生敏感期的年龄特征表现。

无论在舞蹈社团、管乐课程、绘画课程还是合唱课程小百花合唱团中,学生的成长都不是一蹴而就的,是在长期积累中蓄能的。在教育过程中会遇到学生学习敏感期、身体敏感期等,因此在育人的路上,教师需要注重学生的敏感性。我校教师在育人上把握分寸、方法得当,特别在针对学生敏感期时,学校更要懂得如何与学生沟通、交流,让学生在课程中开心学本领,在快乐中长大。

### 案例1-5 苏民学校第十五届艺术节活动方案

为全面贯彻落实中共中央办公厅、国务院办公厅印发的《关于全面加强和改进新时代学校美育工作的意见》和教育部颁发的《学校艺术教育工作规程》精神,在"双减"背景下切实拓展学生素质教育活动的空间,丰富学生的校园生活,让爱好艺术的学生拥有展示自己艺术才华的舞台,根据嘉定区教育局通知要求,将于2023年3—4月举办2023嘉定区苏民学校第十五届学生艺术节比赛。我们将通过线上海选的方式,为具有艺术特长的同学创设一个展示、交流、学习、提高的平台。让我们一起创造美、表现美、分享美,展现"向真、向善、向美、向上"的精神风貌和良好的艺术风采。

一、参赛对象:一—九年级学生。

二、参赛项目:比赛共设声乐、民乐、西乐、打击乐、口琴、钢琴、舞蹈、戏剧(包括朗诵、故事、戏曲)、动漫画、工艺、茶艺、陶艺共12个项目,所有项目仅限个人参赛。

三、参赛具体细则

1. 音乐类:(1) 声乐、戏剧项目可播放伴奏音乐,不得使用任何软件进行声效或者调音处理;

(2) 器乐、口琴及打击乐项目不得使用任何形式的伴奏;

(3) 舞蹈项目参赛舞种不包括国标舞及街舞;

(4) 钢琴项目参赛不含电钢琴。

2. 美术类:(1) 陶艺项目:作品主题为"绿色家园",参赛者须围绕主题独立进行现场创作(创作时间90分钟),制作材料仅限"陶""瓷";

(2) 工艺项目:进行现场创作(制作时间90分钟);

(3) 动漫画项目:单幅漫画、多格漫画,作品规格尺寸不小于4K。电脑漫画作品以U盘形式递交,文件存储格式为JPG;电脑动画以U盘存放,保证动画可以在标准配置的计算机上顺畅播放,请勿以压缩格式存盘。

3. 茶艺类:茶艺项目参赛者在10分钟内完成冲泡表演(含准备时间)。

(1) 小学组:安吉白茶(玻璃杯冲泡2杯),元宝茶(龙井+青橄榄+小金橘),原味奶茶(滇红+牛奶+糖);

(2) 初中组:海派点茶(玻璃茶碗冲泡后将茶沫均匀分入2个品杯+分茶,写或画一个自己设计的茶Logo);陈皮白茶(白牡丹+陈皮);玫荔乌龙(岩茶+玫瑰花+荔枝)。

四、参赛方式

1. 音乐类参赛作品视频文件统一命名为"作品名称+班级+姓名",交给班主任或任教本班级的音乐老师。均以自行拍摄视频的形式参评,表演时间限制在3分钟以内,超过时长将视为弃权。可选择能体现个人艺术水准的部分进行拍摄。拍摄要求画面清晰,一镜到底,不得进行后期剪辑,使用MP4格式(建议使用手机横屏拍摄)。

2. 美术类作品统一上交本班美术教师,动漫画上交纸质作品(手绘)和作品原件(电脑漫画),陶艺、工艺上交作品照片(多角度,3—5张),茶艺上交表演视频。

五、报名及评选方式

1. 参赛作品视频上交截止日期:4月6日(逾期视作放弃参赛)。

2. 评委按照上交视频进行筛选,各年级分设一、二、三等奖若干名。同时质量高的作品由学校选送参加区级比赛,并挑选部分参加今年庆"六一"专场演出。

3. "嘉定区学生艺术单项比赛"作为认定的学生市、区级竞赛之一,其获奖情况将纳入学生综合素质评价体系。

## 第三节　行塑德:实践育人的赞歌

《中小学德育工作指南》(以下简称为《指南》)指出,实践育人要与综合实践活动课紧密结合,通过开展丰富多彩的社会实践活动,不断增强学生的社会责任感、创新精神和实践能力。《指南》建议"利用爱国主义教育基地、公益性文化设施、公共机构、企事业单位、各类校外活动场所、专题教育社会实践基地等资源,开展不同主题的实践活动",提倡"在学校日常运行中渗透劳动教育,积极组织学生参与校园卫生保洁、绿化美化,普及校园种植"。

## 一、养成教育注重活动渗透性

结合我校校情和学生身心发展实际,坚持将行为习惯养成教育落细、落实,针对学生在行为习惯养成方面的典型性问题确定工作思路,通过各类实践活动渗透,为学生行为习惯养成提供锻炼的机会与舞台,让学生从中获得积极正向的体验,从而提升我校学生养成教育的实效性。

一是确立德育目标。学校以"守规立德,笃学尚行"为行规教育总目标,同时结合学生年龄特点和实际,细化各年级德育分目标。二是狠抓入学教育。学校根据《指南》精神,每年在起始年级(一年级、六年级)开展系列教育,在开展集中培训、参观学校(教育史馆、安全科技走廊等)活动的同时,组织学生学习社会主义核心价值观、学校校史、《中小学生守则》等内容。利用开学第一天、第一周、第一月,狠抓学生日常行为规范教育,落实环境卫生、文明礼貌、仪容仪表、课堂规范、课外阅读、集体活动、用餐常规、安全教育、心理健康、社会实践十个方面的常规工作。三是完善行规制度。坚持"学行结合、测查结合、评述结合"的行规养成教育制度。落实"每月之星""行规示范班""我心目中的好老师、好同学、好班级"评比。四是创设育人情境。积极为学生创设贴合生活实际的德育情境,引导学生加深体验,让学生在润物无声的情境体验中潜移默化地接纳道德规范。五是立足活动育人。围绕"社会主义核心价值观",开展"爱校一课"——"六个一"活动,即"为许苏民先生扫一次墓、学唱一首苏民校歌、上一次校史课、参观一次南翔镇红色教育基地、争当一次光荣升旗手、过好每一个传统节"。结合丰富的校史资源,通过活动体验循序渐进地强化学生良好品行养成教育。

结合清明节主题,开展"为许苏民先生扫一次墓"活动,组织队员参观许苏民生平事迹陈列馆,详细了解许苏民先生的生平事迹。带领队员在许先生墓碑前敬献花篮和鲜花,以表达对许苏民先生的无限敬重和追思。通过开展"追寻先烈足迹争做新时代好队员"等清明节祭扫活动,同学们祭奠先生、缅怀先生,被先生"矢志不渝办教育"的情怀深深感染,激发了他们学习革命先烈精神、继承先烈遗志的意愿。

学校校史教育结合各年级学科特色继续深入贯彻,不止于此。2021年6月,嘉定区沈琪美术学科基地活动在苏民学校许苏民生平事迹陈列馆开展。我校陈思文老师围绕苏民学校的红色文化,进行了"迎接建党百年,传承红色基因——绘苏民精神"的单元深度学习设计。她以创设学校微信公众号"红色苏民精神"主题封面设计为任务,引导学生用油画棒进行创作。在创作过程中,激发学生主动追寻红色基因,凸显红色主题,培养了学生的爱国爱乡爱校情感。2021年12月,我校举行了主题为"弘扬苏民志向,培育时代新人"的校史资源建设研讨暨网上校史馆发布活动。蒋欣老师带领一年级学生通过"我心中的那抹苏民红"主题班会,初步感知"苏民红"的寓意,在心中埋下"苏民志向"的种子。为了让二年级的同学了解许苏民先生以及其他优秀历史人物的故事,让学生感悟苏民精神的同时,将苏民精神内化于心、外化于行,2023年4月,我校举行了以"弘扬苏民志向,培育时代新人——苏民学校二年级校史读本课程朗诵比赛"为主题的演讲比赛活动,在琅琅诵读声中,学生们对校史的认识步步加深、层层浸染,让学生在目标志向的确立和精神品质的培育方面也取得了实质性的提升与转变。

## 二、实践育人凸显育人的主体性

活动缺失即实践缺失,人的主体性随之而丧失;只有当人成为活动发起者的时候,成为实践者的时候,人的主体性才得以彰显。① 我校通过苏民红色校本课程,让爱国精神扎根校园。红色校本课程旨在培养学生的爱国主义精神及优秀传统美德,通过实践让学生体验革命情怀,弘扬革命精神,充分发挥学生的主体性与自主能动性,让学生在具体实践活动中养成爱国主义情操以及传承中华优秀传统文化的精神。

除此之外,我校基于《中华人民共和国宪法》学习、禁毒知识竞赛、"青骄"课堂普及宪法和禁毒知识,结合《古田军号》红色电影观看、心得征文撰写宣扬我国优秀的革命传统。通过垃圾分类LOGO征集、志愿服务、劳动实践等系列专题活动培育学生垃圾分类与劳动光荣意识,增强学生的社会责任感和创新精神。根据学校综合素质评价方案,积极开展研学旅行活动,中学生通过远赴浙江,感受红色南湖、红船精神;通过欣赏太湖之美,绵延爱国热情;通过体验湖笔文化,传承国粹精华。小学生则开展"跟着书本游绍兴,曲水流觞话兰亭"的浙江绍兴研学活动,通过活动,让学生懂得珍惜优秀传统文化,升华热爱家乡的美好情感,提升团队协作的实践能力。

同时,我校德育部门组织青年教师积极研发红色校本探究手册,带领各年级学生开展中共一大会址、微音阁、陈君起纪念馆、陶行知纪念馆等研学探究活动,通过探访革命历史遗迹,了解相关史实文献资料,感受革命先辈为了民族大义前赴后继、英勇奋进的伟大事迹,真正从内心激发出对革命先行者们的崇敬爱戴之情,感慨今日迎来和平发展年代的来之不易,进而愈加珍惜如今的幸福生活,懂得通过个人努力奋斗创造美好未来的道理。

---

① 成尚荣.实践育人的理论基础、核心要义与基本形态[J].中国教育学刊,2022(10):55-60.

## 三、实践育人凸显育人的价值选择性

2020年3月中共中央、国务院印发的《关于全面加强新时代大中小学劳动教育的意见》中指出,劳动教育在学校中被弱化,在家庭中被软化,在社会中被淡化,中小学生劳动机会减少、劳动意识缺乏,出现了轻视劳动、不会劳动、不珍惜劳动成果的现象。因此,学校应通过开展各项劳动实践活动,让学生增强劳动观念、尊重劳动、懂得感恩,并形成切实有效的措施。

为了落实立德树人的根本任务,引导学生在实践体验中传承红色基因,培育家国情怀,践行文明风尚,健康快乐成长,2023年5月我校组织全体八年级学生参加以"爱嘉学子营地之旅"为主题的素质教育实践活动。活动包括参观公共安全教育体验中心,体验"强渡大渡河"和"重走长征路"等室内项目以及各项户外素质拓展活动。在浏河营地青少年户外乐园中开展的具有"趣味""风味""品味"的综合体验活动,参与的师生通过全场景、沉浸式体验,感受到了"野趣""农趣"和"志趣",达到了"体锻""体验""体悟"层面的成长。

为了培养学生爱劳动、会劳动的习惯,促进学生全面发展,2021年11月,我校六年级全体学生来到嘉北郊野公园参加"一亩三分地——'薯'于你"劳作体验活动。在老师的带领下,孩子们认识了农民伯伯的劳动工具——扁担、推车,学习了正确的使用方法,经过短暂培训,开展"农民运动会"。技能大赛过后,同学们分工合作,领柴火、加水、添柴,品尝着亲手做的竹筒饭,体会到了父母做饭时的辛苦和食物的来之不易。活动现场,同学们戴着草帽,系着围裙,拿着铲子齐齐上阵挖红薯。虽然汗流浃背,肩背酸疼,但满满的收获让同学们都感受到了劳动的喜悦。

为全面落实国家"双减"政策,落实新时代"五育"融合实践下的劳动教育,在现有空间范围内,开辟校内劳动教育实践基地,让劳动实践走进校园,让劳动教育深入人心,充分发挥劳动育人的功能,充分发挥少先队小主人的主体作用,全面落实素质教育。每年4月,我校开展"太空种子"种植活动,引导学生们通过亲自观察、记录太空种子的生长过程,体验种植劳作的乐趣。2023年5月,我校开展了种植青椒趣味赛活动,三年级学生走进学校种植园进行劳动实践。活动中,孩子们拿着劳动工具,在实践老师的指导与示范下,开始挖土、刨坑、下苗、填土,一棵棵小小的青椒苗在孩子们的手中小心翼翼地种进了土里,也开启了孩子们劳动实践活动的旅程。

## 四、实践育人凸显育人情感的激发性

实践之所以能育人,实践育人原则之所以要坚守,是因为实践深深地触动了学生情感的脉搏,直抵学生的心灵。处在当今大数据和人工智能迅猛发展的时代背景下,艰苦奋斗、勤俭节约等传统美德与学生们在时间和空间领域的距离越来越远,他们普遍在集体意识、社会责任感和生活自理能力等方面比较薄弱。为了有效解决这些问题,我校通过开展指向培育学生责任意识、社会担当和职业概念的多种实践活动,帮助学生塑造积极的价值观体系,从情感上体会集体荣誉感,从情感上领悟作为社会主义事业接班人的责任担当。

通过温馨教室评比和保洁区包干值日制度,培养学生主人翁管理意识,锻炼动手能力,提升自信,培育责任意识和担当精神。通过志愿服务、拜访敬老院等公益机构,创造机会让学生体验不同劳动岗位,培养公益之心、社会责任感。通过职业体验,让学生初步了解自己、认识社会、理解职业,为学生终身的职业规划奠定基础。学校按照不同学段安排了形式多样的职业体验。

**(一) 温馨教室评比**

日本教育家佐藤学认为,"真正意义上的教育革命是从一间间教室里萌生出来的。"[1]班级文化创建是校园文化建设的基础,班级文化是班级的一种风尚,一种文化传统,一种行为方式,能潜移默化地影响学生的行为习惯,班级氛围营造与管理是体现班级文化创建的重要措施之一。为营造并保持整洁、宁静、幸福、轻松、温馨的学习环境,增强班级凝聚力,提升学生的创造力、想象力、动手设计能力和团结协作能力,并以此引领学生遵规守纪、阳光健康全面成长,我校每年都会开展"温馨教室"评比活动。小学部主要围绕"我爱我家""我爱学习""我爱节约""我爱劳动"四个版面主题开展,中学部则主要围绕"我们的约定""班级风采""班级特色""红领巾争章"四个版面主题开展,要求各班与班级文化相结合,主题鲜明,鼓励创新,且能体现本班特色。

**(二) 职业体验**

职业体验教育是加强中小学劳动教育的新起点,也是提升中小学生综合素质的新抓手。[2] 为引导学生从小牢固树立法治观念,增强法治意识与法治信仰,每学期学校组织部分师生参加南翔司法所的法庭开放日(兼苏民小法官职业体验日)活动,零距离感受人民法庭法治氛围。每一届初中起始年级的同学(六年级)来到徐行文化体育服务中心进行职业体验活动,探访黄草编织博物馆,了解我们身边

---

[1] 单月.打造"温馨教室" 润泽学生未来[J].辽宁教育,2020(19):50-51.
[2] 周俊.以职业体验教育提升劳动教育质量——《省教育厅关于加强中小学生职业体验教育的指导意见》解读[J].江苏教育,2020(36):24-29.

的国家级非物质文化遗产——黄草编织技艺。通过职业体验相关教育活动,让学生增强对社会的奉献、对法纪的遵守、对合作的理解以及对成果的尊重,树立正确的职业观、劳动观和人生观。

### 五、实践育人凸显人的创造性

2020年义务教育课程标准修订的重要方向之一,就是紧紧抓住学生核心素养的培育来落实立德树人的根本任务[1]。我校结合学科课程,鼓励教师在日常教学中,科学设计基于学生生活实际的跨学科综合实践活动,凸显学科育人导向与素养进阶,培养学生的思维力与创造力。

2022年11月,以"基于'双师'背景下初中几何问题链教学设计研究"为主题的初中数学区级展示活动在苏民学校举行。王琳老师执教的《线段的垂直平分线》一课中,从两栋教学楼之间如何搭建距离相等的核酸采样点的实际问题切入,让学生自主探究,以此引出线段垂直平分线定理及逆定理;在证明逆定理及例题讲解的过程中,通过"问题链"的设计引导学生绘制思维路径图,启发学生思维,帮助学生理清思路;其间,有效融入"空中课堂"视频资源,大大提高了课堂效率。新知应用中,通过帮助小区设计到三栋楼距离相等的核酸采样点的实际问题,拓展学生思维,加深学生对所学知识的理解,巧妙地由实际问题的解决过渡到课本例题的解答,教学目标高效达成。

跨学科综合实践活动强调有关学科的融合与级段的贯通,以大主题、大任务来呈现。在学习方式上,以自主学习为基础的合作学习,更强调发现问题、研究问

---

[1] 张廷艳,孙晓天,胡娜.中小学数学跨学科主题学习:变迁、内涵与实施[J].教师教育学报,2024,11(3):95-103.

题、解决问题,培养学生的综合素质。基于数学、科学、地理、生物等学科文化知识,引导学生通过小组合作、团队探究等形式解决现实生活中的实际问题,让学科知识浸润在真实情境中,让课堂"生活化",提倡学生勇于质疑、敢于挑战、善于探究,在课堂教学实践活动中有效凸显了学生的创造力。

## 六、实践育人凸显家校社的协同性

目前,教育三大支柱发展不平衡,学校教育相对较强,家庭教育和社会教育则比较薄弱,功能还没有充分体现出来。然而,育人是学校、社会、家庭教育的共同目标,也是三者协同的内在逻辑。[①] 随着"双减"政策的实施,2021年10月国家颁布了《中华人民共和国家庭教育促进法》,通过立法的方式对家庭教育予以规范和指导,指出"发挥学校指导作用,明确家长主体责任,研究建立学校、家庭、社会协同育人体系"。教基〔2022〕7号文《关于健全学校家庭社会协同育人机制的意见》在原则上要求坚持育人为本,用新时代党的创新理论铸魂育人,遵循学生成长规律和教育规律,深入落实"双减"政策,大力发展素质教育。因此,我校坚持落实协同共育,明确学校家庭社会协同育人责任,切实增强育人合力。

我校已形成学校、家庭和社会合力共育的良好育人生态,大力推进"法佑苏民"项目建设。充分利用开学典礼、升旗仪式、国旗下讲话、宪法宣传月(我是小法官体验活动)等进行普法教育,增强法律意识和法治观念,使学生知法、懂法、守法。充分利用公、检、法、司、律五大法治保障单位资源开展预防性干预,切实保障未成年人健康成长。学校获评"上海市依法治校学校"。加强家庭教育指导,构建

---

① 丛中笑.健全学校家庭社会协同育人机制,促进教育高质量发展[J].中国德育,2023(12):25-28.

社会共育机制,争取家庭、社会共同参与和支持学校德育工作,形成教育合力。学校成立了工作领导小组,定期开展学习研讨,负责指导各年级开展家庭教育的实施。同时,不断完善家长委员会工作机制,依托家委会拓展家校沟通渠道,成为家校协同建设的共同体。

与此同时,学校设立校级、年级、班级三级委员会,不断完善《苏民学校家长委员会章程》《家长委员会工作制度》等,进一步明确学校三级家长委员会的职责、权利和义务,做到有规可依,有章可循,有序推进。家长献智出力,助力学校彰显特色。

家校合育主题活动,由学校学生发展部大力筹措,校级和班级家委会成员积极策划并组织实施活动,内容涉及社会考察、社区服务、社会实践、研究性学习等领域,取得了不俗的成效。比如,开展一年级的亲子运动会、五年级的禁毒报告、六年级的垃圾分类宣讲、八九年级心理辅导报告、班级委员会沙龙互动等活动。再如全体家长义工志愿者活动,除了校门口护导等日常工作外,家长义工也参与学校各类活动,比如温馨教室的布置、各类活动的摄影、食堂卫生的监督、活动的策划、德育讲堂的授讲等。特别是课后服务工作开展以来,家委会积极拓宽社区资源,开展"阅读""禁毒""法制""手工""劳动"等一系列家长课堂,为学生提供了丰富的课程体验,提升学校办学质量,形成了良好的家校社合作育人模式。

总之,通过多年的实践与探索,我校基本构建了中小学衔接的一体化"唤情德育"品牌,不断唤醒学生自尊、自信的天性;唤醒学生自强、自律、自省的能力;唤醒学生学习的热情;唤醒学生对生命的敬重,对真、善、美的追求和潜意识里的梦想。学校致力于使学生在九年的学校学习生活当中,学会做人、学会学习、学会创造、学会生活,并在落实五育并举的根本任务上,取得了可喜的成效。校园环境优美,文化氛围浓郁,师生精神面貌积极向上,学生自律、自信、自尊、自强的文明规范素养逐步提升。学校先后获全国艺术教育特色学校、上海市安全文明校园、上海市素质教育实验校、嘉定区文明单位、区教育系统先进单位、区未成年人思想道德建设示范校、区学校文化建设示范校、区中小学生行为规范示范性学校、区家长委员会先进集体等荣誉称号。

# 第二章 课程就是文化的相遇

　　教育是一种叮咛,是一种提醒,是一种澄澈的对话。在一定意义上,课程就是孩子们与文化的相遇和融合。学校课程理应点燃每一个孩子的希望之光,把生命的光芒照亮,把生命内在的真善美召唤出来。

苏民学校以"为了师生幸福成长"的办学宗旨为基点,不断注入时代发展新的元素。2020年,集全体苏民人智慧,学校梳理、凝练了办学理论——"唤醒教育":让大脑清醒起来、人格丰富起来、精神澄澈起来。由此,学校的办学理念应运而生——"让每一个心灵澄澈明亮,让每一个生命幸福成长"。

我校基于"唤醒教育"之哲学和"让每一个心灵澄澈明亮"的办学理念,确立"把生命内在的真善美释放出来"的课程理念,架构人格力课程、语感力课程、审美力课程、健康力课程、思维力课程以及创造力课程体系,努力培养"苏于民、察于心、慧于术、亮于行"的"苏民学子",着力建构"追光者"课程模式(详见图2-1)。

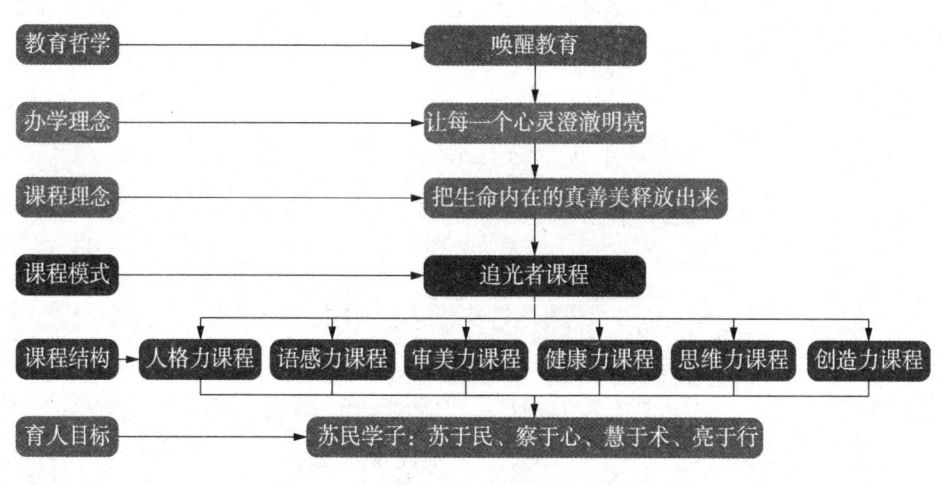

图2-1 苏民学校"唤醒教育"逻辑图

# 第一节 把内在的真善美释放出来

苏民学校以"苏民"命名,致力唤醒儿童心灵深处的生命感,让每一个孩子成为精神澄澈的人。耶鲁大学校长理查德·莱文说:"教育的本质,是自由的精神、公民的责任、远大的志向,是批判性的独立思考、时时刻刻的自我觉知、终身学习的基础、获得幸福的能力。"教育是一种澄澈的对话,让我们一起点亮一盏灯,照亮脚下的路,唤醒心灵深处的真善美……

## 一、学校教育哲学

学校以"唤醒教育"作为学校教育哲学,以此为学校教育价值追求,引领学校内涵发展。

"唤醒教育"是德国文化教育学的一个衍生概念。"唤醒教育"的理论代表人物斯普朗格认为:"教育绝非单纯的文化传递,教育之所以为教育,正在于它是一个人格心灵的'唤醒',这是教育的核心所在。"他认为,教育的目的不在于传授或接纳某种外在的、具体的知识、技能,而是要从人的生命深处唤起他沉睡的自我意识、生命意识,促使其价值观、生命感、创造力的觉醒,以实现自我生命意义的自由自觉的建构。也就是说,教育的过程不仅是要从外部解放成长者,而且要唤醒成长者的人格和心灵,解放成长者的内部创造力。教育的过程是受教育者内在心灵觉醒的过程,也可以认为是受教育者内在需求的唤醒过程。因此,唤醒教育就是通过主体间的意义对话,从人的生命深处唤起沉睡的自我意识,解放其内部心灵,促使人的价值观、生命感、创造力等全面觉醒,以实现自我生命自由自觉建构的教育过程。对苏民学校而言,唤醒教育是以唤醒的方式培育觉醒的人的教育,是让大脑清醒起来、人格丰富起来、精神澄澈起来的教育,是学校发展素质教育的个性化实践样态。

基于上述对"唤醒教育"的理解,同时传承我校"为了师生的幸福成长"的办学宗旨,我们提出了"让每一个心灵澄澈明亮,让每一个生命幸福成长"的办学理念。人具有内在自我发展的动因,并外在地表现为不满足于已有的定论,对自己现在自我发展状况的不满足和否定,以至于追求更高水平、更完善的发展。教育是一种叮咛,是一种提醒,是一种澄澈的对话,是把生命内在所具有的真善美召唤出来。教育应该呵护、关怀人的这种生命的冲动意识,唤醒和引导学生生命中的灵性,唤醒和引导教师的职业追求。教育之所以是教育,正是在于它是一种人格心灵的"唤醒",这是教育的核心所在。

"让每一个心灵澄澈明亮,让每一个生命幸福成长"指引着学校朝向这样一种办学愿景:办一所澄澈明亮的学校,即创建文化灿烂的学校,培育心灵澄澈的儿童,造就精神明亮的教师。为此,我们坚信如下教育信条:

我们坚信,
教育是灵魂的对话;
我们坚信,
学校是唤醒心灵的地方;
我们坚信,
每一个孩子都有无限的潜能;

我们坚信，

教师是精神的超越者和灵魂的唤醒人；

我们坚信，

让每一个心灵澄澈明亮是教育最美的追求；

我们坚信，

唤醒儿童心灵深处的真善美是教育的神圣使命。

## 二、学校课程理念

基于学校教育哲学和办学理念，我们确立了自己的课程理念：把生命内在的真善美释放出来。这一课程理念的内涵如下：

课程即生命场景。如何理解"生命场景"？场景是和谐幸福、自然生态的生命成长氛围。让校园的一草一木、一池一景、一人一事都成为让学生感动的符号。面对上苍赐予我们的五彩缤纷的世界、多姿多彩的生活和每人一次的生命，我们没有理由拒绝感受生命的意义和价值。洋溢着生命温情的课程，是飘扬着人的旗帜的课程。呵护生灵，呵护人的生命尊严，对于和谐社会的建设有着重要意义。学校课程有责任去创造适宜生命生长的环境和土壤，让课程富有生命的场景感。

课程即文化相遇。课程既是文化的重要载体，又是文化的重要组成部分。学校文化是在长期的办学实践中创造、积淀、发展而成的，体现在学校的环境、制度以及师生的价值观念和行为方式中。学校课程作为育人载体，应当与学校文化相呼应，充分体现学校文化内涵，在学校文化中汲取营养。同时，学校课程在推进社会主义核心价值观的人文主义教育上着力，厚实学生道德基础，形成学校师生高品位的人格魅力、道德风尚和精神追求。在一定意义上说,课程就是孩子们与文化的相遇和融合。

课程即学习经历。课程是有设计、有组织的经验系统。在这里,见识比知识更重要,智识比见识更有价值。在课程实施过程中,让孩子们采用多样的、活跃的学习方式,如行走学习、指尖学习、群聊学习、圆桌学习、众筹学习、搜索学习、聚焦学习、触点学习……但凡孩子们生活世界里精彩纷呈、活跃异常的做事方式,就是课程实施的可能方式。杜威说:"一切学习来自于经验。"实践、沉浸、对话、互动、参与、体验是课程最活跃、最富灵性的身影,也是课程实施的最重要方法。重视孩子们直接经验的获得,让孩子们亲近自然,走进社会,通过一系列的实践活动,扩充和丰富孩子们的经验和见识,是学校课程的重要特点。

课程即心灵敞亮。每个学生天赋不同,秉性各异,都是鲜活而不可复制的生命个体,学校应努力创造适合每一个学生发展的课程,体现教育的真谛。教育之为教育,正在于它是心灵的唤醒过程。马蒂指出:教育对人的成长负有一种无可逃避的责任,它使人适应生存的时代,而不至将他排除在人生的最伟大目标之外;它将开启世界的钥匙——独立和仁爱授之于人,赋予他作为一个自由人只身跋涉而步履轻捷的力量。教育的世界应该是自由的、丰富的、濡染的,教育应该是宽泛的、深刻的、自觉的。从生命成长过程来说,教育是精神的唤醒、潜能的显发、内心的敞亮、主体的弘扬、个性的彰显与灵魂的感召。学校课程理应点燃每一个孩子的希望之光,唤醒其内在潜能。

总之,教育就是一束光照亮另一束光,教师和学生都是追光者,因此我们将学校课程模式命名为"追光者课程"。意思是,学校课程要把生命的光芒照亮,把生命内在的真善美召唤出来,让每一个孩子在这里与精神澄澈的自己相遇。

## 第二节　让孩子成为苏世独立之人

学校课程目标是育人目标的具体表现,也是课程功能的现实定位,是在一定阶段的学校课程力图促进该阶段学生基本素质在其主动发展中最终应达到的预期水准。

### 一、育人目标

我们认为,每一个孩子心灵深处都有一个沉睡的巨人,每一个孩子的内心世界都是藏满宝藏的盒子,在这个盒子里,有智慧、有理性、有意志、有品格、有美感、有直觉等生命的能量。为此,依据党和国家对学校教育应培养德智体美劳全面发展的社会主义建设者和接班人的使命要求,结合我校教育哲学和办学理念,我校提出了"做苏世独立之人"的育人目标,努力使每一个孩子"苏于民、察于心、慧于术、亮于行",具体表现如下:

——苏于民:爱家国,明事理;

——察于心:雅情趣,懂审美;

——慧于术:乐学习,爱探索;

——亮于行:健身心,喜实践。

## 二、课程目标

为了实现育人目标,我们根据各年级学生的年龄和身心特点,将育人目标进行细化,形成小学、初中课程目标,具体如下表(见表2-1)。

表2-1 苏民学校课程目标表

| 育人目标<br>课程目标 | 苏于民:<br>爱家国,明事理 | 察于心:<br>雅情趣,懂审美 | 慧于术:<br>乐学习,爱探索 | 亮于行:<br>健身心,喜实践 |
| --- | --- | --- | --- | --- |
| 一年级上 | 爱亲敬长,尊敬老师、尊敬长辈、学会感恩;初步养成良好的生活、卫生习惯,按时作息,生活有规律。 | 熟悉学校的学习和生活环境,具有参与集体活动的意识;能在活动中学会信任他人;尝试不同工具、媒材,通过看看、画画、做做等方法大胆、自由地表现所见所闻、所感所想。 | 经历从日常生活中抽象出数的过程,理解常见的量,掌握必要的运算技能;能从具体现象与事物的观察、比较中提出感兴趣的问题;能用语言初步描述信息。 | 能跟着老师上体育与健康课程;初步了解简单的运动项目名称、基本的安全运动知识和方法。 |
| 一年级下 | 喜欢和老师、同学交往,熟悉学校环境;养成良好的饮食和个人卫生习惯,自己能做的事情自己做;能更加积极地参与集体活动,并对他人保持信任。 | 观察身边的用品,初步了解形状与用途的关系。 | 能准确进行运算,在具体情境中,能选择适当的单位进行简单的估算;能依据已有经验,对问题作出简单猜想;能有运用观察与描述、比较与分类等方法得出结论的意识。 | 比较喜欢上体育课,初步学会常见的球类游戏,了解运动前做准备活动等安全运动常识。 |

续 表

| 育人目标<br>课程目标 | 苏于民：<br>爱家国,明事理 | 察于心：<br>雅情趣,懂审美 | 慧于术：<br>乐学习,爱探索 | 亮于行：<br>健身心,喜实践 |
|---|---|---|---|---|
| 二年级上 | 在学校里情绪安定,心情愉快,具有初步的自我保护意识和能力；能基本遵守规则,懂得注意安全；在学习小组中能信任小组成员并接受他人的帮助。 | 能观赏自然景物和感兴趣的美术作品。 | 初步了解生活中的自然、社会常识,掌握初步的测量、识图和画图的技能；能在教师的指导下,从日常生活中发现和提出简单的问题,尝试解决；能简要讲述探究过程与结论。 | 掌握所学运动项目的动作术语,初步发展柔韧性、灵敏性和平衡能力,初步了解个人卫生保健知识和方法。 |
| 二年级下 | 了解天气、季节变化等对生活的影响,学会照顾自己；能看到自己的成长和进步并为此高兴；能积极参与班集体活动和小组活动,能信任小组成员并接受他人帮助,能主动分享自己的观点。 | 能利用多种感官或者简单的工具,观察对象的外部形态特征；能采用造型游戏的方式和与语文、音乐等学科内容相结合的方式,进行无主题的想象。 | 经历简单的数据收集、整理和分析的过程,了解简单的数据处理方法和分析问题、解决问题的一些基本方法,知道同个问题可以有不同的解决方法。 | 在体验运动的过程中初步了解运动现象,学习民族传统体育活动项目的基本动作。 |
| 三年级上 | 能热爱班集体、学校,懂得与同伴友好交往、合作的基本方法,愉快、开朗地学玩；学会做事,学会关心他人。 | 能在集体活动中投入情感,能主动关心集体成员,作出贡献后能作出得当的分享；初步认识线条、形状、色彩与肌理等造 | 初步体验与社区和社会生活相联系的学习过程,能对调查过程中获得的简单数据进行归类,体验数据中蕴含的信息；能用比较科学 | 能尝试参加新的体育活动、游戏和比赛,坚持完成有一定困难的体育活动。 |

续 表

| 育人目标<br>课程目标 | 苏于民：<br>爱家国,明事理 | 察于心：<br>雅情趣,懂审美 | 慧于术：<br>乐学习,爱探索 | 亮于行：<br>健身心,喜实践 |
|---|---|---|---|---|
|  |  | 型元素,学习使用各种工具；能从具体事物的观察、比较中,提出可探究的科学问题。 | 的词汇、图示符号、统计图表等方式记录整理信息,陈述证据和结果。 |  |
| 三年级下 | 遵守社会道德规范,养成基本的文明行为习惯；乐于与他人分享与合作。 | 能积极共享自己的成果；认识设计和工艺的造型、色彩、媒材,学习对比与和谐、对称与均衡等形式原理。 | 能基于已有经验和所学知识,从现象和事件发生的条件、过程、原因等方面提出假设,运用分析、比较、推理、概括等方法分析结果,得出结论。 | 乐于参加多种体育活动,了解奥林匹克运动的知识；能表现出主动规避运动伤害和危险的意识和行为。 |
| 四年级上 | 亲近自然,喜欢在自然中活动,初步具有保护环境、爱惜资源的意识。 | 欣赏符合自身认知水平的中外美术作品,用语言或文字等多种形式描述作品,表达感受与认识。 | 初步形成数感和空间观念,感受符号和几何直观的作用；能正确讲述自己的探究过程与结论,能倾听别人的意见,并与之交流。 | 了解个人卫生保健知识和方法,初步了解疾病预防知识。 |
| 四年级下 | 珍爱生命,热爱自然,爱护动植物,节约资源；能为保护环境做力所能及的事。 | 组成团队后,各组员可以根据自身的优势进行合理的分工；结合其他学科内容,进行美术创作与展示,并描述创作意图。 | 能进一步认识数据中蕴含的信息；能运用感官和选择恰当的工具、仪器观察并描述对象的外部形态特征及现象；能对探究过程、方法和结果进行反思。 | 能改善体形和身体姿态；了解体能的构成,能通过多种练习发展柔韧性、灵敏性、速度、力量。 |

续　表

| 育人目标<br>课程目标 | 苏于民：<br>爱家国,明事理 | 察于心：<br>雅情趣,懂审美 | 慧于术：<br>乐学习,爱探索 | 亮于行：<br>健身心,喜实践 |
| --- | --- | --- | --- | --- |
| 五年级上 | 了解家乡的风景名胜、主要物产等有关知识,感受家乡的发展变化;能明辨是非,做错事勇于承认和改正。 | 习惯于在探究性任务中以合作的方式学习,分工明确,配合协调;选择合适的工具、媒材,记录与表现所见所闻、所感所想,发展美术构思与创作的能力,表达思想与情感。 | 能在观察、实验、猜想、验证等活动中,发展合情推理能力;能进行有条理的思考,能比较清楚地表达自己的思考过程与结果。 | 认识到适当的体育活动是有效的积极性休息方式。 |
| 五年级下 | 热爱革命领袖,了解英雄模范人物的光荣事迹;在他人的帮助下能定出自己可行的目标并努力去实现。 | 从形态与功能的关系,认识设计和工艺的造型、色彩、媒材;在合作中出现分歧时,可自行进行协商,初步学会彼此理解和妥协。 | 能基于所学的知识,从事物的结构、功能、变化及相互关系等角度提出有针对性的假设,并能说明假设的依据;能基于所学的知识,运用分析、比较、推理、概括等方法得出科学探究的结论,判断结论与假设是否一致。 | 能通过体育活动进行积极性休息,能选择较适宜的锻炼时间、场地和运动方法等。 |
| 六年级上 | 爱祖国,尊敬国旗、国徽,初步了解有关祖国的历史;能欣赏自己和他人的优点,并激励自己不断进步。 | 能熟练地进行合作学习,善于接纳多元意见,对合作行为能作出评价;能用简单的美术术语对美术作品的 | 能探索分析和解决简单问题的有效方法,了解解决问题方法的多样性;经历与他人合作交流解决问题的过程,尝 | 增加对奥林匹克运动知识的了解,掌握有一定难度的基本身体活动方法。 |

续 表

| 课程目标＼育人目标 | 苏于民：爱家国,明事理 | 察于心：雅情趣,懂审美 | 慧于术：乐学习,爱探索 | 亮于行：健身心,喜实践 |
|---|---|---|---|---|
|  |  | 内容与形式进行分析,表达对美术作品的感受与理解。 | 试解释自己的思考过程；能基于所学的知识,采用不同的表述方式,呈现探究的过程与结论。 |  |
| 六年级下 | 能为自己是中国人感到自豪；有应对挑战的信心与勇气,自信向上,诚实勇敢,有责任心。 | 能对合作进行较为全面的评价和反思；能用多种美术媒材进行策划、创作与展示,体会美术与生活环境、美术与传统文化的关系。 | 能基于所学的知识,通过观察、实验、查阅资料、调查、案例分析等方式获取事物的信息；能对探究活动进行过程性反思,及时调整,并对探究活动进行总结性评价,完善探究报告。 | 基本掌握一些运动项目的技术动作组合,形成良好的体育道德意识和行为。 |
| 七年级上 | 能了解青少年身心发展的基本常识,掌握促进身心健康发展的方法,理解个体成长与社会环境的关系；学会调控情绪,能够自我调适、自我控制；感受生命的可贵,养成自尊自信、乐观向上、意志坚强的人生态度。 | 对他人或自己具有积极心理倾向和健康的情感,能在新成立的班集体中积极、愉快且有兴趣地参与合作学习,能尊重同伴、独立思考；有意地运用线条、形状、色彩、肌理、空间和明暗等造型元素以及形式原理,选择传统媒介和新媒材。 | 体验从具体情境中抽象出数学符号的过程,能探索具体问题中的数量关系和变化规律,掌握各类数学表述的方法；能通过任务引领型和项目活动形式,学会制作简单网页,初步了解编程。 | 初步形成体育锻炼的习惯,能简要分析体育比赛中的现象与问题。 |

续　表

| 育人目标<br>课程目标 | 苏于民：<br>爱家国，明事理 | 察于心：<br>雅情趣，懂审美 | 慧于术：<br>乐学习，爱探索 | 亮于行：<br>健身心，喜实践 |
|---|---|---|---|---|
| 七年级下 | 了解我与他人和集体关系的基本知识，认识处理我与他人和集体关系的基本社会规范和道德规范；掌握爱护环境的基本方法，形成爱护环境的能力；体会生态环境与人类生存的关系，爱护环境，形成勤俭节约、珍惜资源的意识。 | 能耐心地从他人那里获取有关事实、听取意见；能为别人提供事实、发表意见、解释问题、提出建议，如询问有关人和事、请求解释、提出解决问题的思路等；能探索不同的创作方法，发展具有个性的表现能力，表达思想与情感。 | 探索并掌握图形的基本性质与判定，掌握基本的证明方法和基本的作图技能；熟练掌握网页设计与制作技巧，能熟练编写属于自己的程序并解决实际问题；能用自己的手创造，发展动手能力和创造能力。 | 初步形成积极的体育态度，基本掌握体育锻炼的知识和方法，形成自主、合作和探究学习与锻炼的能力。 |
| 八年级上 | 理解人类生存与生态环境的相互依存关系，认识当今人类所面临的生态环境问题及其根源，掌握环境保护的基础知识；逐步掌握交往与沟通的技能，学习参与社会公共生活的方法；养成孝敬父母、尊重他人、诚实守信、乐于助人、有责任心、追求公正的品质。 | 对同学能主动地关心和帮助，对他人的提议和想法表示拥护，并在其基础上进一步发展，如对别人的意见进行复述并补充，对别人的帮助表示感谢等；能运用对比与和谐、对称与均衡、节奏与韵律、多样与统一等形式原理以及各种材料和制作方法，进行创意设计和工艺制作。 | 体验数据收集、处理、分析和推断过程，理解抽样方法，体验用样本估计总体的过程；进一步认识随机现象，能计算一些简单事件的概率；能体验新科技带来的乐趣与知识；学会操作，认识创造性思维的重要性，体会创造性思维给自己的快乐体验，具有创造性思维能力。 | 基本掌握并运用运动技术，如1—2组技术动作组合，基本掌握并运用其他较复杂的民族民间传统体育活动项目的技术。 |

续 表

| 育人目标<br>课程目标 | 苏于民：<br>爱家国,明事理 | 察于心：<br>雅情趣,懂审美 | 慧于术：<br>乐学习,爱探索 | 亮于行：<br>健身心,喜实践 |
| --- | --- | --- | --- | --- |
| 八年级下 | 知道法律的基本知识,了解法律在个人、国家和社会生活中的基本作用和意义;能学会搜集、处理、运用信息的方法,提高媒介素养,能够积极适应信息化社会;形成热爱劳动、注重实践、崇尚科学、自主自立、敢于竞争、善于合作、勇于创新的个性品质。 | 能通过设计改善环境与生活,表达设计意图。 | 通过表述数量关系的过程,体会模型的思想,建立符号意识;在研究过程中,进一步发展空间观念,经历借助图形思考问题的过程,初步建立几何直观;能够运用信息学、编程知识实现模拟小车的组建等,能以日常生活为灵感来设计创意构思游戏。 | 具有较强的安全运动能力,及掌握常见运动损伤的紧急处理方法,基本掌握溺水的应急处理方法。 |
| 九年级上 | 知道我国的基本国情,学会面对复杂的社会生活和多样的价值观念,以正确的价值观为标准,作出正确的道德判断和选择;树立规则意识、法治观念,有公共精神,增强公民意识;具有遵守纪律、听从安排、关注他人、礼貌待 | 能通过描述、分析、比较与讨论等方式,认识美术的不同门类及表现形式,尊重人类文化遗产,对美术作品和美术现象进行简短评述。 | 能建立数据分析观念,在多种形式的数学活动中,发展合情推理与演绎推理的能力;能独立思考,体会数学的基本思想和思维方式;能实现复杂算法和高级数据结构,并解决实际问题,能挑战奥林匹克联赛等。 | 能将安全运动的意识迁移到日常生活中,了解生活方式与健康的关系,基本掌握青春期保健知识。 |

续表

| 课程目标＼育人目标 | 苏于民：爱家国，明事理 | 察于心：雅情趣，懂审美 | 慧于术：乐学习，爱探索 | 亮于行：健身心，喜实践 |
|---|---|---|---|---|
| | 人、有序发言、相互勉励的能力，如不随意离开座位、发言声音适中、实施鼓励性评价、维护组内纪律等。 | | | |
| 九年级下 | 初步了解当今世界发展的现状与趋势；学会运用法律维护自己、他人、国家和社会的合法权益；热爱集体、热爱祖国、热爱人民、热爱社会主义，认同中华文化，继承革命传统，弘扬民族精神。 | 能用多种美术媒材、方法和形式进行记录、规划、创作、表演与展示，了解美术与人类生存环境、传统文化、多元文化之间的关系。 | 能针对他人所提的问题进行反思，初步形成评价与反思的意识；积极参与数学活动，对数学有好奇心和求知欲；敢于发表自己的想法，具有工程思维，动手能力强，具备勇于探索的研究精神，对于实际问题复杂性有自己的认识。 | 能在运动项目练习中提高灵敏性、速度、力量、心肺耐力和健身能力。 |

总之，学校的课程与学生的成长紧密结合，通过渐进式的目标将育人效果与学科特点相融合，最终达到使每一个孩子"苏于民、察于心、慧于术、亮于行"的效果，成为"苏世独立之人"。

## 第三节　设计蕴含力量的学习经历

学校课程设计要为每一个孩子指引明确的发展方向,要体现学校的实践历程,在学校现有文化基础上进一步整合基础型课程、拓展型课程和探究型课程,完善学校课程框架,实现学校发展愿景。

### 一、学校课程结构

根据加德纳多元智能理论,我校整体课程包含"人格力课程、语感力课程、审美力课程、健康力课程、思维力课程、创造力课程"六类课程,简称"六力"课程结构,通过不同学科、不同领域的课程互相融合、互相渗透,不断打破学科边界,设计有力量的学习经历(详见图2-2)。

图中,各领域课程内容具体如下:

1. 人格力课程是指自我与社会类课程,主要包含小学生历史人物、新闻课堂、人际交往、生涯规划、中共党史我来讲、探秘中国传统文化、海疆风云等。学生在人格力课程学习过程中发展正直的人格、诚信的品质、宽容的胸怀和自律的行为,拥有家国情怀和责任担当。

2. 语感力课程是指语言与交流类课程,主要包含成语故事、小古文、趣味英文歌、英语绘本表演、阅读与积累、用英语讲故事等。语言力课程培养学生的记忆力、认知力、表达力、自信力、沟通力、为人处世能力及自省力的全面发展。

图 2-2 苏民学校"追光者课程"结构图

3. 思维力课程是指逻辑与思维类课程，主要包含智慧五子棋、趣味九宫格、有趣的扑克牌、围棋、网页制作、Python 基础编程、C++程序设计、算法艺术、数学日记、人工智能等。思维力课程培养学生主动思考、发现和解决问题的能力，提高学生的创新思维、逻辑能力。

4. 创造力课程是指科学与技术类课程，主要包含创意手工、趣味科学、少儿编程、3D 打印、微生物应用、虚拟现实、木工与金工、自制棉花糖机及静电除尘装置、病原微生物与人类等。创造力课程培养学生的好奇心、想象力及科学精神，孩子们会勇于尝试、探究世界，独立思考。

5. 审美力课程是指艺术与审美类课程,主要包含童声合唱、书法基础、打击乐、创意画、陶艺、校园指挥家、走进交响乐、美术鉴赏、电影的元素、物理学史舞台剧、走进古典音乐、走进歌剧等。在审美力课程中,学生学会基本艺术知识和艺术技能,有发现美、欣赏美、体验美的品格和能力。

6. 健康力课程是指体育与健康类课程,主要包含花样跳绳、足球基础、少儿跆拳道、篮球、少儿田径、网球、体育游戏、广播操、街舞、大众健美操、羽毛球等。健康力课程促进青少年健康成长,并帮助其增强体质、锤炼意志、健全人格。

## 二、课程设置

基于上述课程结构,我校结合不同学段,在小学、初中学段分别进行课程设置,不断培养和深化学生语感力、创造力、审美力、健康力、人格力和思维力。

### (一) 小学课程设置(见表 2-2)

表 2-2 苏民学校小学部"追光者课程"设置表

| 年级 | 语感力课程 | 创造力课程 | 审美力课程 | 健康力课程 | 人格力课程 | 思维力课程 |
|---|---|---|---|---|---|---|
| 一年级上 | 一起写好字;一起读书吧;趣味英文歌(Ⅰ);英文绘本阅读;趣味英语 | 创意手工课 | 童声合唱;书法基础 | 接力赛跑;阳光体育亲子趣味运动会 | 我是小学生了;小学生历史人物早知道(Ⅰ) | 智慧五子棋;趣味四宫格;桥牌基础 |

续 表

| 年级 | 语感力课程 | 创造力课程 | 审美力课程 | 健康力课程 | 人格力课程 | 思维力课程 |
|---|---|---|---|---|---|---|
| 一年级下 | 趣味英文歌（Ⅱ） | 你不知道的动物冷知识；小学生手工 | 校园小歌手；行进打击乐 | 花样跳绳；少儿跆拳道 | 争做文明小学生；小学生历史人物早知道（Ⅱ） | 趣味六宫格；桥牌基础 |
| 二年级上 | 群文阅读；英语绘本表演（Ⅰ） | 积木搭建和拼图 | 黑白装饰画；书法临摹方法 | 篮球基础训练；少儿田径 | 红领巾爱学习；身边的传统节日故事（Ⅰ） | 趣味九宫格；桥牌基础；少儿编程 |
| 二年级下 | 一起学说普通话；英语绘本表演（Ⅱ） | 趣味科学 | 创意儿童画；书法笔法初阶 | 篮球基础训练；小场地短式网球 | 童心向党；身边的传统节日故事（Ⅱ） | 有趣的扑克牌；桥牌基础；少儿编程 |
| 三年级上 | 成语故事；英语绘本表演（Ⅲ） | 少儿编程（航天） | 探海创意画；如何欣赏书法 | 篮球基础；网球基础；体能训练 | 不可不知的中国传统艺术 | "生活中的数学"摄影比赛；桥牌基础；少儿编程 |
| 三年级下 | 趣味横生小古文；英语绘本表演（Ⅳ） | 3D设计与3D打印 | 问天创意画；古诗词演唱 | 篮球基础；网球基础；体能训练 | 节水技能；了不起的中国建筑 | 数学故事演讲；围棋基础；桥牌基础；少儿编程 |
| 四年级上 | 演讲入门；英文阅读分享（Ⅰ） | 航天观摩与体验；上海文化巡礼 | 经典碑帖的选择与临摹；不可不知的中国传统艺术 | 足球基础；网球提高；轮滑球基础 | 光荣的少先队 | 数学日记；围棋基础；桥牌进阶；编程基础 |

续　表

| 年级 | 语感力课程 | 创造力课程 | 审美力课程 | 健康力课程 | 人格力课程 | 思维力课程 |
|---|---|---|---|---|---|---|
| 四年级下 | 数学故事演讲；英文阅读分享（Ⅱ） | 航天观摩与体验；上海文化巡礼 | 经典碑帖的选择与临摹；不可不知的中国传统艺术 | 足球基础；网球提高；轮滑球基础 | 爱国爱家爱集体；祖国发展我成长 | 数学小论文；围棋基础；桥牌进阶；编程基础 |
| 五年级上 | 演讲进阶；名著选读（Ⅰ） | 趣味科学；小游戏设计；亚特水族馆考察 | 古诗词演唱；书法作品创作 | 足球基础；轮滑球进阶 | 节能技术大比拼 | 围棋进阶；桥牌进阶；人工智能基础 |
| 五年级下 | 演讲进阶；名著选读（Ⅱ） | 趣味科学；小游戏设计；水稻国家公园考察 | 古诗词演唱；书法作品创作 | 足球基础；轮滑球进阶 | 国防观摩与实践 | 围棋进阶；桥牌进阶；人工智能基础 |

## （二）初中课程设置（见表2-3）

表2-3　苏民学校初中部"追光者课程"设置表

| 年级 | 语感力课程 | 创造力课程 | 审美力课程 | 健康力课程 | 人格力课程 | 思维力课程 |
|---|---|---|---|---|---|---|
| 六年级上 | 英文名著选读与分享（Ⅰ） | 新闻进校园；南翔风情小镇 | 行进歌舞团；影视赏析与表演；书法作品创作 | 冰球基础；足球进阶 | 志愿行动（Ⅰ）；环保在身边（Ⅰ） | 围棋；桥牌进阶；人工智能应用 |

续 表

| 年级 | 语感力课程 | 创造力课程 | 审美力课程 | 健康力课程 | 人格力课程 | 思维力课程 |
|---|---|---|---|---|---|---|
| 六年级下 | 英文名著选读与分享（Ⅱ） | 旅游与生活 | 行进歌舞团；影视赏析与表演；书法作品创作 | 冰球进阶；足球进阶 | 志愿行动（Ⅱ）；环保在身边（Ⅱ） | 围棋；桥牌进阶；人工智能应用 |
| 初一上 | 精品阅读——新概念英语2（Ⅰ）；这样记单词就是轻松 | 水火箭制作和发射；你身边的生物学功能模拟卫星 | 校园摄影；速写基础 | 体育游戏；广播操；球类训练 | 新闻课堂；上海历史文化名人十五讲；双语澳洲；人际交往辅导 | 数学预习案；网页制作与开发；Python基础编程；C++程序设计；信息学奥林匹克竞赛 |
| 初一下 | 阅读与积累（Ⅰ）；精品阅读——新概念英语2（Ⅱ） | 学科素养知识挑战；海洋初探；教学仿真卫星 | 陶艺；中国古典舞；速写写生 | 球类训练；游泳赏析及技术动作训练 | 生涯规划也是一门学问；中国传统节日民俗；自我意识辅导 | 数学说题；算法艺术；信息学奥林匹克竞赛普及组 |
| 初二上 | 经典阅读（Ⅰ）；Word list | 微生物的应用；旅游与生活课程；虚拟现实；游戏设计 | 校园演奏家；水彩基础；素描石膏体 | 街舞；球类训练；水上运动训练；大众健美操 | 古装剧中的真假历史；创造性思维培养；自信心训练辅导 | 数学日记；信息学奥林匹克竞赛提高组 |
| 初二下 | 阅读与积累（Ⅱ）；经典阅读（Ⅱ） | 3D打印生物模型；奇妙的无人机 | 校园指挥家；水彩进阶；素描静物 | 球类训练；水上运动训练 | 中共党史我来讲；情绪辅导；考试心态辅导 | 数学小论文；人工智能；信息学奥林匹克竞赛提高组进阶 |

第二章　课程就是文化的相遇

因此，学校的课程设置充分贴合各学段学生的身心发展规律，体现时代需求，涵盖了各学科的学科核心素养与育人要求，使学生逐步养成正确的世界观、人生观、价值观，形成初步的创新精神、实践能力、科学和人文素养以及环境意识。

## 第四节　让每个孩子学会美好生活

课程实施与评价是学校办学理念和育人目标落地的充分体现，是学校课程哲学显性实践过程。我校从"唤智课堂""唤能学科""唤趣社团""唤情节日""唤力探究""唤爱有约""唤心之旅""唤美校园"等八个途径着手推进学校课程实施，致力实现学校课程目标。"唤智课堂"通过因材施教唤醒并开发人的内在潜力，唤醒并培养学生的学习兴趣，呵护儿童善性成长。"唤能学科"通过推进学校的课程建设，促进每一个学科丰富且特色的发展。"唤趣社团"通过联手周边优质资源，打造多个体验创意课程，发展儿童兴趣爱好。"唤情节日"通过整合传统节日、现代节日于学校课程架构之中，丰富儿童的经历和情感。"唤力探究"通过设计丰富的社会实践探究活动，培养学生掌握基本的实践技能。"唤爱有约"通过设计多样的周末亲子课程，培养学生爱家国、知感恩。"唤心之旅"通过推进研学课程建设，培养学生综合实践能力和创新能力。"唤美校园"通过营造有益于儿童身心健康发展的教育氛围，培养儿童的审美能力、想象力。

## 一、建构"唤智课堂",提升课程实施品质

"唤智课堂"是智慧、质朴而又富有生长气息的课堂,教师以自然的方式打开儿童心扉,哺育儿童成长。它是呵护儿童善性成长的课堂。

"唤智课堂"是教学共生的课堂,其价值追求是让儿童受益终身。它有自身的起点和终点,因此在实践中要注意以下几方面:

"唤智课堂",始于自然、终于生长。秉承"唤醒教育"的办学理念,教师要善于探索儿童的内在发展规律,顺应儿童天性,帮助他们静静地、专注地、有节奏地、慢慢地生长,从自然生长到自由生长再到自觉生长,最终让儿童绽放独特性,找到自己的生长点,从而在自在的精神领域中成为更好的自己。

"唤智课堂",始于立德、终于树人。教师要遵循的教学目标就是培养全面发展的人。教育要面向全体儿童,教师要关注每一位儿童。教育必须坚持德育为先、能力为重、五育并举、全面发展的理念。康德强调的"人的目的"就是"让人成为真正意义上的人",由此推导出教育的目的就是"帮助人成为真正意义上的人"。因此,"教育的过程首先是一个精神成长的过程,然后才成为科学获知的一个部分"。大学之道,在明明德,在亲民,在止于至善。由此可见,课堂教学必须坚持立德树人。

"唤智课堂",始于学会、终于会学。正如科学学创始人贝尔纳所言:"良好的学习方法能使我们更好地发挥运用天赋的才能,而拙劣的方法则可能阻碍才能的发挥。"只有既关注学会、更关注会学的课堂,才能具有永久的课堂生命力。教学不是教师的灌输,而是点燃儿童思维的火焰;教学不是直接告诉儿童答案,而是科学地对儿童进行启发;教学不是压制儿童的个性发展,而是将儿童心中的能量释

放出来,最终让儿童习得学习的方法,为终身学习奠基。

"唤智课堂",始于有形、终于无形。教师和儿童一起呈现有意义、有活力、有韵律、有追求的课堂。教学模式不陈旧呆板,教师在教学过程中能够理解教无定法,贵在得法,从有形规范的模式到无形成竹的内化,这是对教师的课堂教学方式提出的更高标准的要求。

"唤智课堂",始于教师、终于儿童。课堂教学的主体不是教师,而是儿童。课堂不是以教师为中心的单向知识传授,也不仅仅是以教师为主导的学习探索,而是以儿童为中心的能力开发。教师以"春风育人,春雨润人"的亲切,"随风潜入夜,润物细无声"的默契,打开儿童心灵之门,让儿童诗意生长。

## 二、建设"唤能学科",丰富学校课程体系

我校以"唤能学科"推进学科特色课程建设,促进每一个学科发展,丰富学校课程体系,让每一个学科都变得更加丰富且特色鲜明。

"唤能学科"涵盖了七大课程群:

### (一)"诗意语文"课程群

语文课程是一门学习语言文字运用的综合性、实践性课程。语文课程基本理念是全面提高儿童的语文素养,激发和培育儿童热爱祖国的思想感情,引导儿童丰富语言积累,掌握学习语文的基本方法,养成良好的学习习惯,且能够通过文化熏陶,形成健全人格。学校"诗意语文"课程群以国家语文课程为核心,引入经典诵读、整本书阅读、小古文课程等,构建了多层面的课程群,将儿童引领到美好的语文天地,共同构成"诗意语文"课程群。

## (二)"慧美数学"课程群

读史使人明智,读诗使人灵秀,数学使人周密且精明。我校"慧美数学"课程立足数学核心素养,教师引领儿童围绕具有挑战性的学习主题,全身心地积极参与,体验成功,从而获得发展。在实际生活中学会运用所学的数学知识处理实际问题,是儿童必需的数学素养之一,是学校教学的目的之一。我校引导儿童在生活中寻找数学,认识数学,挖掘生活和教材中的数学问题进行探究,密切儿童与生活、儿童与社会的联系,提升儿童数学素养。"慧美数学"课程内容的选择以注重基础性、贴近生活性以及适应儿童和学校的特点性为原则,准确把握教材和课程标准要求,并据此进行拓展延伸,内容面向全体儿童,适应儿童的个性发展需求,让每个儿童在数学活动中得到不同的发展。"慧美数学"课程采用灵活多样的教学形式,在数学课程基础上拓展延伸儿童的数学知识,开阔儿童数学视野,提高儿童的学习积极性。实施过程中,儿童亲身实践,通过在观察、实验、猜想、计算、推理、验证等活动过程多感官并用,使得儿童思维始终处于活跃状态。这样的数学活动有利于儿童进行数学思考并产生创造性思维。结合数学教材编排特点、儿童年龄特征以及学校具体情况,在实践、思考、表达、数感、计算、推理六个方面进行了课程内容的设置。实施过程中,引导儿童亲身实践、动手操作、手脑并用,融知识性和趣味性于一体,让儿童的学习变得生动活泼且富有个性。

## (三)"博雅英语"课程群

英语学科新课程标准明确指出:英语课程的学习既是儿童通过英语学习和实践活动,逐步掌握英语知识和技能,提高语言实际运用能力的过程;又是他们磨砺意志、陶冶情操、拓展视野、丰富生活经历、开发思维能力、发展个性和提高人文素养的过程。"博雅英语"课程面向全体儿童,注重素质教育,其核心是让每个儿童都得到发展。"博雅英语"课程群以上述理论为依托,主要从"博雅听音""博雅说语""博雅读文""博雅写意"和"博雅践行"五个方面进行。以一年级为例进行说明,根据一年级儿童身心特点,"博雅英语"课程群一年级以听音模仿为主。一年级的内容主题设计为"倾耳听",通过听音模仿单词、简单的句子、童谣歌曲等进行学习,与此同时通过采用各种儿童喜欢的形式进行听的训练和检测,调动儿童学习的积极性,激发学习兴趣,增强学习信心。

**(四)"魅力科学"课程群**

为帮助儿童树立科学的教育质量观,培养儿童的科学素养、创新精神和实践能力,小学科学课程内容以儿童能够感知的物质科学、生命科学、地球与宇宙科学,以及技术与工程中一些比较直观、儿童有兴趣参与学习的重要内容为载体,重在培养儿童对科学的兴趣、正确的思维方式和学习习惯。整个小学阶段以探究式学习为儿童学习科学的重要方式。"魅力科学"课程群,以培养儿童的科学素养、提高儿童的探究能力为目标。

**(五)"开心体育"课程群**

课程设置以锻炼儿童身体、开发儿童智力为主体,关注儿童的学习过程和学习体验。我校遵照"健康第一"的指导思想,重点突出儿童的学习主体地位,强化实践特征,构建较为完整的课程目标体系和发展性的评价方式,重视教学内容的选择性、基础性及教学方法的多样化、有效化,着重提高儿童的积极性,激发儿童运动兴趣,引导儿童掌握体育与健康基础知识、基本技能和方法,增强儿童的体能,培养儿童坚强的意志品质、合作精神和交往能力,为儿童终身参加体育锻炼奠定基础。"开心体育"课程群做到以人为本、健康为本,面向全体儿童,实现每天锻炼一小时,使体育课程在学校诸多课程中成为教学形式最生动活泼、教学内容最丰富多彩、最受儿童喜爱的一门课程,让每一个儿童都积极地参与到体育活动中来。

### (六)"唯美音乐"课程群

发挥本校艺术教育资源优势,依托本地民族的民间优秀传统文化和其他艺术资源,形成学校艺术教育发展特色,构建"唯美音乐"课程。充分利用社会艺术教育资源,利用当地文化艺术场地资源开展艺术教学、实践活动和校园文化建设,面向全体儿童组织开展艺术活动,因地制宜建立儿童艺术社团或兴趣小组,保证每周有固定的艺术活动时间,每年组织合唱节、美术展览和艺术节等活动。充分利用学校校歌、广播、电视、网络以及校园、教室、走廊、宣传栏、活动场所等,营造格调高雅、富有美感、充满朝气的校园文化艺术氛围。结合学校儿童情况和教师自身特长,音乐学科在完成规定课程的基础上,开设"小乐器进课堂"特色课程,包括陶笛、竖笛、葫芦丝、口风琴等课程。此外,学校还根据儿童的自主选择在课后开设民族舞、合唱社团等课程。

### (七)"创意美术"课程群

为了让儿童能相对系统地学习美术,学校构建了"创意美术"课程,将美术课程进行了整合。"创意美术"课程是具有艺术特色的美术课程,注重儿童在美术学习的过程中,逐步体会美术专业学习的特征,根据不同学段,形成系统的美术知识体系和基本的文化艺术素养,力求体现素质教育的要求。"创意美术"以学习活动方式划分美术学习领域,加强学习活动的综合性、探索性和实效性,培养对艺术、生活与审美的追求,让儿童在积极的情感体验中提高想象力和创造力,增强审美意识和审美能力。根据儿童学情和教师专业特长,通过对国家规定课程的整合、筛选、补充和延展,分别开设富有中国传统特色的社团:国画、线描、书法,及西方特色的绘画社团:水彩、彩铅画、儿童装饰画等美术社团。根据儿童的年龄特点,不同年级设定不同的教学主题和内容,把课程内容和学校的艺术活动、校园文化有机结合起来,给儿童提供丰富多彩的艺术展示平台。

## 三、创设"唤趣社团",发展儿童兴趣爱好

为了发展儿童兴趣爱好,促进儿童发展,我校结合学校课程特色,以儿童相同或相似的兴趣、爱好、特长或自身需要为基础,创设"唤趣社团",并进一步确立社团活动目标、开发社团课程、加强社团过程管理、构建社团评价体系。

"唤趣社团"的主要类型有:

### (一) 苏民管乐团

社团理念是提升儿童艺术素养,激发儿童对艺术的热爱,促进儿童全面健康发展。社团宗旨是丰富校园文化生活,增强青少年音乐素养和团队意识。学校管乐团经过多次改革不断趋于成熟,开发了管乐类社团(小号、长号、大号、次中音号、圆号、萨克斯、黑管、长笛、大管、双簧管、打击乐)。我校从三年级开始选拔组建管乐班,按班级编制,组成梯队建设。管乐课进入课表,管乐班在固定的时间、地点,由专业老师上课。三、四年级各管乐班每周上一次管乐大课,两节课连上。三、四年级的学习内容主要以基本功练习为主,以练习一些比较短小的曲子为辅,要求达到熟练吹奏,音准节奏正确,各声部之间衔接自然流畅即可。五、六年级的学习内容主要以组合曲子、行进曲为主,以基本功练习为辅,具体要求要比三、四

年级高,演奏曲子要有力度、情绪对比变化,准确表现曲子速度、力度、情感等效果。管乐团有严格的考核制度。期末由各班正副班主任、管乐老师、家长代表作为评委,对儿童进行考核。考核分为针对铜管、木管、打击乐三个大声部进行的测试,根据专业的管乐老师提供的评分表进行打分,而后根据比例,评出声部最优秀的儿童进行表彰。

### (二) 布谷鸟乐团

社团宗旨是丰富校园音乐文化,发展儿童音乐特长,培育音乐新苗。社团总目标是通过合唱、舞蹈和戏剧,丰富儿童情感体验,增强声乐和舞蹈的基本功训练,提升一定的专业技能,激发兴趣,为其日后发展奠定基础。通过实践训练,培养儿童学习街舞和歌舞剧的兴趣,享受音乐的快乐,培养儿童的表现欲望和基本的舞台感觉,以及其优美体态和对艺术的审美能力。通过不同形式的发声练习来规范儿童的声音,开展以合唱为主的多种学习活动,以提高儿童的声乐演唱技巧及舞台表演等专业技能,弘扬合唱艺术,构建人文校园。社团内容是通过《蝴蝶的梦》歌唱童心的纯真与美好,通过《布谷鸟》赞美春天和希望,让儿童亲自体验这些精品的光彩和艺术价值,提高他们的审美能力。在合唱社团中培养儿童独立识谱能力,发展他们的音乐听觉和音乐记忆力,提高音乐修养和鉴赏水平,理解和掌握各种音乐表现手段,增强儿童集体观念和群体意识,让儿童身心得到健康发展。活动形式是每周集训三次,教师自主研发教材,制定社团管理制度,撰写社团活动记录,完成评价。

### (三) 苏民舞蹈社

通过训练,培养儿童学习舞蹈的兴趣,享受音乐的快乐,提高儿童的舞蹈素养。通过规范的基本功及民族、芭蕾舞蹈训练,让儿童的形体、姿态、腿线条、腰腿的软度、力度和控制进一步提升。社团内容以舞蹈《我的祖国》演绎为解放军送水的感人革命故事,通过规范而且简单的基本功及民族舞蹈训练,很好地完成了社团目标。活动形式是每周集训三次,教师自主研发教材,制定社团管理方式,填写社团活动记录,完成评价。

### (四) 苏民歌舞剧社

由儿童参加演出,反映儿童生活,综合音乐、诗歌、舞蹈等艺术,以边歌边舞为主的音乐戏剧形式展现。剧情生动,富有儿童情趣,音乐能表达角色的个性特点。社团内容是以歌舞剧《绿野仙踪》的表演,培养孩子的优美体态和对艺术的审美能力。活动形式是每周集训三次,教师自主研发教材,制定社团管理方式,填写社团活动记录,完成评价。

### (五) 苏民街舞社

通过训练,儿童能够尽情张扬个性,增强爆发力,培养儿童一定的律动和舞感。多用 Funk(放克)音乐和 Hip Hop(嘻哈)音乐来跳舞,激发儿童对舞蹈学习的兴趣,提高儿童的舞蹈素养。社团内容是通过 Breaking(地板舞)、Hip Hop(自由式街舞)、Popping(震感舞)、Locking(锁舞)的练习,完成完整舞蹈的表演。通过舞蹈《Popping》《Get up》《I can make you dance》的训练,培养儿童分工合作的社团精神,学会在集体中协调配合,相互适应。发展儿童个性,为专业的舞蹈发展奠定基础。活动形式是每周集训一次,教师自主研发教材,制定社团管理方式,填写社团活动记录,完成评价。

### (六) 童趣绘画社

采用启发、鼓励的趣味教学法,转换课堂角色,以儿童为主、老师为辅,培养儿童的观察力、想象力、思维力和创造力,注重儿童的自我表达,提高儿童的动脑动手能力。课程安排有少儿造型课和创意卡通课。

### (七) 苏民书法社

书法社团是由我校书法爱好者共同组成的儿童社团组织。社团致力于提高儿童的书写能力、欣赏能力和艺术修养,力争在艺术和实用之间找到完美的结合点。通过基本笔画和偏旁部首的学习、书法作品欣赏等方式,通过教师讲解、示范指导等教学方法,教给儿童正确的执笔运笔姿势,执笔轻重的调控,书写坐姿、站姿等要领,让孩子们受到美的熏陶。

### (八) 跃动篮球社

通过定期组织训练,使运动员保持对篮球的最大积极性,提高对篮球的兴趣。在奔跑、跳跃过程中,发展儿童的力量、速度和耐力等素质,磨炼意志,培养团队精神和集体主义品质,锻炼运动员的身体素质,提升实践操作的能力。引导儿童掌握正确的技术动作表现,不断提升儿童的篮球技战术水平,活跃校园篮球文化氛围。社团内容包括:水平一,一、二年级的理论基础姿势、运球、行进间运球、传接球配合、投篮练习、运球上篮、投篮小比赛;水平二,三、四年级的复习运球、单手运球上篮、双人传接球、攻防守脚步练习、传切配合、单人对抗练习;水平三,五、六年级的复习运球上篮、单人突破、攻防守练习、多人攻防守、半场小比赛。活动形式是每周一、周二、周三进行社团训练课,针对不同年级的分段,分别提出不同的要求和方法进行练习,不断地激发儿童学习的兴趣,感受运动快乐,同时努力提升运动员技战术水平,以求达到参加各级比赛的水平。

**(九) 耕雨文学社**

通过定期开展文学作品阅读交流、征文比赛、朗诵比赛、参观采访、社团研学实践等活动,拓宽儿童视野,丰富儿童的课余生活,在文学社实践活动中提高语文素养,培养儿童的写作兴趣,提高儿童交流、表达能力和文学鉴赏能力,促进儿童全面发展,同时让儿童体验合作与成功的喜悦。文学社以"品读经典"为主题,社团活动分低中高段展开,社团内容包含以下内容。1.三、四年级进行现当代经典儿童文学赏读,主要赏读曹文轩、沈石溪、冰心等知名作家的作品:(1)赏读,提高文学素养;(2)解析人物形象,为人物写作提供方法;(3)分析作品精神内核,提高文学鉴赏水平;(4)深入了解作者背景,对作品形成立体的认知。2.五、六年级进行名著品读,品读四大名著、外国名著、科幻作品:(1)四大名著,包括《西游记》《三国演义》《水浒传》《红楼梦》;(2)外国名著,包括高尔基三部曲、《简爱》《基督山伯爵》。品读名著,赏析名著中的经典人物形象,结合影视作品赏析经典篇章,结合时代背景体会名著主旨。每学期有计划开展讲故事比赛、朗读比赛、征文比赛等活动。活动形式是每周进行两次社团课,针对不同年级的儿童,分别进行不同的课程安排,不断激发儿童学习兴趣,提高儿童文学素养,为学校创建书香校园活动增添活力。

## 四、激活"唤情节日",浓郁学校课程氛围

我校为了激发儿童参与兴趣,丰富儿童的经历和情感,提升儿童的文化艺术修养,努力开发契合儿童个性发展的语言与表达、科学与思维、运动与健康、艺术

与审美、劳动与创造类的节日课程。

"唤情节日"课程包含传统节日、现代节日和校园节日三类课程,将传统节日、现代节日课程整合于学校课程架构之中。在校园节日课程中,我校设计了"慧雅读书节""慧美数学节""创意科技节""唯美艺术节""跃动体育节"和"丰收劳动节"。

### (一) 慧雅读书节

为了增强我校儿童好读书、读好书的积极性,激发儿童读书的兴趣,让每一位儿童都亲近书本,喜爱读书,学会读书,也为了展示儿童的阅读成果,从而促进儿童个性的和谐发展,学校将分年级举办一至六年级"读书节"活动。

课程设计如下:第一阶段进行活动准备。(1)召开全体语文教师会,通知活动内容,鼓励全体语文教师和儿童积极参与活动。(2)通知家长与儿童,提交分享的书名,积极准备分享材料,可以通过分享精彩故事、阅读方法、阅读感悟等形式,将自己喜欢的书目推荐给其他同学,分享时间控制在3分钟左右。教师提前准备儿童分享的书目的问题设计。(3)各年级利用两周时间举行班级"读书节"海选活动。通过海选评选出部分优秀的儿童参加学校的读书分享活动。(4)各年级教研组长做好评委、记分员、道具等年级人员分工工作,提前购买活动需要的奖品和互动小礼品。第二阶段进行活动展示。(1)年级活动展示,参与"读书节"活动的选手按次序一一进行推荐分享。(2)由教师和家长代表组成的评委会根据儿童的表现进行打分,最终评选出一等奖、二等奖和优秀奖,为他们颁发奖状和奖品。第三阶段进行活动整理。各年级整理活动视频、照片等相关资料,做好活动总结。"读书节"根据课程设计,将从演讲内容、语言表达、表情仪态和整体效果等四方面分别进行评价。

## (二) 慧美数学节

为了弘扬数学文化,激发儿童爱数学、学数学的兴趣,让儿童感受到生活中处处有数学,学会用数学的眼光去关心社会,去获取和发现新的知识,培养儿童观察、空间想象、动手操作能力及无限的创造能力,我校开创了"慧美数学节"。每年于五月中旬和九月下旬各举办一次数学活动,为期一天。通过此活动,希望儿童与数学为伍,以兴趣为伴,启迪智慧人生。

活动内容包括两个方面的系列活动。活动类型一:第一阶段为活动准备阶段,由各年级根据自己年级特点自行选择活动主题,并制定具体的活动方案。结合活动方案与活动主题选择进行教师分工,明确活动任务到人,修改并形成规范的活动方案。第二阶段为活动开展阶段,以班级为单位,年级为主题,严格按照制定好的活动方案开展活动。第三阶段为活动总结交流阶段,各年级结合活动效果,明确评价标准,设置评价奖项并报给学科负责人,由学校统一颁发奖状。教师结合活动开展情况,以同一活动主题为单位进行经验交流分享,为进一步提升活动品质指明方向。活动类型二:中低年级开展"我心中的数学"主题活动,高年级开展"小小数学家"主题活动。第一阶段为召开年级教研组长会,明确活动主题,制定活动方案。第二阶段为中低年级分别收集不同类型的作品,先在班级内进行展评,每个班级评选出十份不同的作品;再根据不同的作品类型进行分类,以微信公众号投票和校园展板的形式展出;最终,根据得票情况评选出一等奖、二等奖和优秀奖。高年级第一阶段先在班级内开展比赛,同一年级,相同主题,相同问题。每个班级评选出五名代表,参加学校内决赛。

## (三) 创意科技节

为了提高儿童的科学素养,激发儿童对科学知识的兴趣,培养儿童的创造性思维，也为了丰富儿童的课余生活，使其在活动中增长知识、提高素质，学校为同学们提供一个相互交流和同台竞技的机会。学校将分年级举办一至六年级"走近科学"活动。课程设计如下：第一阶段进行活动准备。(1)召开全体科学教师会，通知活动内容，鼓励全体儿童积极参与活动。(2)通知家长与儿童，提交分享的书籍或期刊，积极准备分享材料，将自己喜欢的书籍或期刊分享给其他儿童，分享时间控制在6分钟左右，教师提前阅读儿童推荐的书籍并提出重点问题。第二阶段进行初选。(1)各年级提前举行班级"创意科技节"活动并选出优秀的儿童参加学校的展示活动。(2)各年级科学教师配合本年级科任教师做好评委、记分员、道具等年级人员分工合作，提前购买活动需要的奖品和互动小礼品。第三阶段进行比赛。各年级按照活动安排的时间进行活动展示。评委组将按照演讲内容、答疑情况、表情仪态和整体效果等四方面分别进行评价，依据总体得分的高低，每个年级评定出特等奖、一等奖、二等奖和三等奖，并对获奖儿童颁发证书，给予奖励。第四阶段为活动整理阶段。各年级整理活动视频、照片等相关资料，做好活动总结。

**(四) 唯美艺术节**

音乐和美术是心灵的艺术，也是人类情感与精神的结晶，并能让儿童从中获得视觉的愉悦和美的陶冶。学校坚持根植中华优秀传统文化深厚土壤，坚持以美育人、以美化人，引导儿童树立正确的审美观念，陶冶高尚的审美情操，丰富儿童艺术文化生活，培养艺术素养，展示学校艺术教育成果，形成全校性的艺术氛围，提高校园艺术教育品质。由学校教导处牵头，音乐和美术教研组具体实施，课程设计如下。活动一："童心绘画节"。定期举办艺术展览活动，利用校园宣传栏定期展示优秀儿童作品，丰富儿童的文化生活，促进校园文化交流，为儿童施展自我才能提供艺术平台。活动二："童艺音乐节"。第一阶段进行活动准备。音乐老师和儿童双向选择,开始筹备节目和排练节目。第二阶段进行活动展示。以舞蹈、合唱、歌舞剧等形式呈现,让儿童在实践中体验和感悟,提升艺术素质。第三阶段进行活动整理。各年级整理活动视频、照片等相关资料,做好活动总结。

### (五) 跃动体育节

为增强体质,展现全体师生精神面貌,发现和培养体育后备人才,结合《国家学生体质健康标准》的测试及数据上报工作,学校每年组织举办一次"跃动体育节",以班级为单位进行报名,参赛项目丰富多彩,在测试每个儿童体质健康成绩的同时,让每一个有专长的儿童来展示自己的风采,让每个人都能感受到运动的快乐。活动设计如下:第一阶段进行活动准备。(1)确定活动时间,体育组编排活动方案,召开全体教师会议,通知活动内容,安排人员分工。(2)进入前期项目报名阶段,比赛项目包括50米跑、仰卧起坐、坐位体前屈等内容,鼓励班级儿童积极参与活动,展现自我风采。(3)统计报名情况,进行方案细化,编排秩序册。(4)为活动进行安全、后勤等保障,以保证活动顺利进行。第二阶段进行活动展示。(1)进行开幕式活动,以班为集体进行展示表演,展现班级风采,发扬集体主义精神。(2)根据比赛成绩进行评奖,个人比赛取得前六名,团体成绩进行积分制,根据个人成绩名次累积,最终评选出一等奖、二等奖和优秀奖,颁发奖状和奖品。第三阶段进行活动整理。整理活动视频、照片等相关资料,做好活动总结。

### (六) 丰收劳动节

每年九月、十月是丰收的季节,从古至今,总会有不少热闹的仪式、节日在这个季节举行,来庆祝丰收的喜悦。为了让每一位儿童感受到劳动是一切幸福的源泉,调动每一位儿童的积极性、主动性、创造性,牢固树立每一位儿童劳动最光荣、劳动最崇高、劳动最伟大、劳动最美丽的观念,学校于每年九月底分年级举办"丰收劳动节",将"劳动最光荣"的思想转化到每一位儿童的实际行动中,培养儿童积极劳动的兴趣,养成爱劳动的好习惯。课程设计如下:

第一阶段为活动准备阶段。(1)召开全体班主任会议,确定各年级活动主题,鼓励全体教师和儿童积极参与活动。(2)各年级制定活动方案。(3)通知家长与儿童,积极准备丰收节活动,同年级教师提前布置场地,组织各年级儿童有序参加,并组织儿童评选出相应奖项。(4)各年级班主任教师合理分工,做好评委、记分员、道具员等工作。(5)提前购买活动需要的奖品和互动小礼品。一年级劳动节日课程内容:(1)自理小达人。每位儿童在家里练习戴红领巾、系鞋带、整理书包。比赛当天每位儿童戴上红领巾、穿有鞋带的鞋子、现场整理书包。要求在最短的时间内完成得又快又好,评选优胜奖和达标奖。(2)我的植物朋友。在每班走廊外面布置植物展览场地,每位"小主人"可以向参观的儿童及教师介绍自己的培育心得,评选最美班级和创意班级。二年级劳动节日课程内容:(1)把操场分为两大区域,"变废为宝记"和"厨艺大比拼",分别展示二年级儿童作品。(2)给每位儿童发两张"你最棒"小贴画,让儿童把"你最棒"小贴画送给最心仪的作品,票选出最佳创意奖和小厨神奖。三年级劳动节日课程内容:(1)葵花日记,选出每班优秀作品,颁发"最佳文学创意奖"。(2)手工作品展示会,展示儿童创意串珠画、瓦楞纸版画。四年级劳动节日课程内容:(1)摄影展示区,展示儿童一学年的劳动时刻。(2)美食鉴赏区,分享劳动成果,体验成功喜悦。(3)艺术作品展销会,体验创造性劳动带来的荣誉感、幸福感、获得感。五年级劳动节日课程内容:(1)摄影作品展,通过一幅幅照片记录向日葵的生长过程及每一位儿童的劳动过程。(2)品泡菜百味,品味泡菜,票选出"爽口美食"奖。

第二阶段为活动展示阶段。分年级参与"丰收劳动节"活动,根据不同的内容进行分享展示。由教师和儿童组成的评委根据儿童的表现进行打分,最终根据不同的活动内容评选出不同的活动奖项,并在活动结束后为他们颁发奖状和奖品。

第三阶段为活动整理阶段。各年级整理活动视频、照片等相关资料,做好活动总结。

## 五、落实"唤力探究",活跃课程实施方式

"唤力探究"学习活动在于让儿童保持独立的持续探究的兴趣,获得参与研究、社会实践与服务学习的体验,提升发现问题、提出问题和分析与解决问题的能力,掌握基本的实践与服务技能,学会分享、尊重与合作,养成实事求是的科学态度,增强服务意识与奉献精神,具有关注社会的责任心和使命感。

"唤力探究"以课题小组合作研究为基本组织和实施形式。每组一般由同一班内的 6 至 10 人组成,原则上每班不超过十个课题,一名教师指导课题小组数不超过三个。课题组内要进行课题分工和角色分工,即每个成员都要承担一部分相对独立的课题工作,每个成员都要承担一个角色,确保真正参与课题研究,如组长、协调员、资源管理员、信息技术员等,既各展所长,又密切配合,以保证课题研究顺利开展。

"唤力探究"学习活动时间基本安排在暑假期间,建议由家长协助,在教师的指导下进行集中活动。内容如下:(1)学科内容与应用类。主要是进行学科内的拓展与跨学科的综合应用方面的探索,如六年级学习《百分数》之后进行相关的应用研究;四年级学习《一个豆荚里的五粒豆》后开展劳动教育活动,在学校楼顶农场种植豌豆,研究文章中的豆荚与自己亲自种出来的豆荚是不是一样等。(2)自

然环境类。主要是从人与自然的关系角度提出的课题,如环境保护、生态建设、能源利用、农作物改良、动物保护和天文研究等与个人生活背景相关方面的课题。(3)社会生活类。主要是从研究人与社会的关系角度提出的课题,如学校规章制度研究、社会关系研究、社区管理、社团活动、人口研究、城市规划、交通建设等与个人生活背景相关的课题。(4)历史文化类。主要是从研究历史与人的发展角度提出的课题,如乡土文化与民俗文化研究、历史遗迹研究、城市变迁研究、名人思想与文化研究和校园文化研究等与个人生活背景相关的课题。

## 六、设计"唤爱有约",落实周末亲子课程

"唤爱有约"是我校家校共育课程的组织形式之一。"唤爱有约"课程设计紧跟时代,目的是让儿童爱家国、知感恩。"唤爱有约"的课程设计如下:

**(一) 开发课程**

1. 学校教师团队专门开发了"唤爱有约"课程,并依据儿童的年龄段特点推出了"亲子课堂(低年级)""周末有约(高年级)"两个版本。

2. 把国内外有影响力的、在某个领域有极高造诣的、为推动社会发展进步作出突出贡献的人物、行业和团体等,作为素材推荐给儿童。

3. 开发时事话题类课程,给儿童打开一扇认识世界的门。

4. 设计"魅力上海"系列实地游学主题。

**(二) 课程目标**

通过儿童自主学习、自主探究、交流合作的学习方式,学校丰富儿童的学习场

域、学习形式，拓展学习时长，将"唤爱有约"课程打造成为一个开放、自主、多元的学习平台，以此丰富儿童生活，张扬儿童个性，提升儿童学习能力，帮助儿童树立正确三观，最终实现立德树人的根本任务。

## （三）活动形式

1. 每周五下午，班主任在少先队活动课上介绍本周的"唤爱有约"课程，同时在学校公众号平台中发布"唤爱有约"的两个版本。把课程安排在周末，确保儿童有足够的时间去研究、思考。

2. 不同年级段的儿童查看本年级段的版本，利用周末时间自主完成或邀请家长共同完成。既可以在学校公众号中查看导语、视频，思考问题，也可以通过上网或到图书馆以及实地考察的形式搜集资料进行学习。

## （四）作业提交

1. 儿童通过学习文字和视频材料完成作业，呈现出的作业以思维导图、文字资料、PPT和路演视频（讲解视频）为主。一至三年级作品，儿童在作品左下角写清班级姓名，用彩色框框住；四至六年级作品，儿童在作品右下角写清班级姓名，用彩色框框住。高年级班主任可鼓励儿童以文字叙述为主提交作业。

2. 上交时间为周日晚上。

3. 上交方式以家长拍摄儿童作品为主，拍摄的作品要清晰、有亮度，方向正确，能适当美化图并加边框最好。家长将作品提交至班级群或以钉钉作业打卡的形式提交，学校保存一部分优秀作品的纸质稿，为展示儿童丰富的课程学习成果做准备。

## 七、推行"唤心之旅",落实研学旅行课程

"唤心之旅"研学旅行课程,以立德树人为育人目标,以培养儿童综合实践能力和创新能力为核心,以儿童发展为本,全面提升儿童综合素质。研学旅行对提高儿童科学素养,促进儿童全面发展有极其重要的作用。学校要以研学旅行校本课程开设为契机,丰富校园文化活动,提高儿童的学习生活质量,使其适应社会可持续发展的需要,最终培养符合时代要求的高素质人才,助推人与自然及社会的和谐发展。

结合我校周边资源推进"唤心之旅"研学课程。依据不同学段儿童的年龄特点以及各学科教学内容的需要,学校开展了"走进公园玩一玩""走进动物园看一看""走进单位见一见""走进博物馆想一想""走进党史馆学一学""走进纪念馆写一写"等不同主题的旅行研学课程。我校"唤心之旅"课程设置具体如下(详见表2-4)。

表2-4 苏民学校"唤心之旅"课程活动表

| 年级 | 主题 | 地点 | 活动板块设计 |
| --- | --- | --- | --- |
| 一 | 走进公园玩一玩 | 上海人民公园 | 准备出游时需要的物品,探秘园内不同的景色,画出看到的美景。 |
| 二 | 走进动物园看一看 | 上海动物园 | 了解常见动物的特征和生活习惯,思考问题:你看到了什么动物?能把它们分分类吗?说出你的分类标准。以填空的形式完成观察日记。 |
| 三 | 走进单位见一见 | 上海有关企业 | 了解该单位是做什么的,最让你惊叹的地方是什么,分享自己参观体验过程中的所思所感所想。 |

续 表

| 年级 | 主题 | 地点 | 活动板块设计 |
|---|---|---|---|
| 四 | 走进博物馆 想一想 | 上海博物馆 | 了解博物馆的位置,找出合理的出行方式并做出预算;记录自己所参观的展厅,说出自己最喜欢它的理由;分享自己参观体验过程中的所思所感所想。 |
| 五 | 走进党史馆 学一学 | 中共一大会址 | 了解党的历史,了解最让你感动的人物或事迹,完成一份"红领巾心向党"的手抄报。 |
| 六 | 走进纪念馆 写一写 | 中共一大纪念馆 | 了解历史;找出参观的出行方式,计算不同的方式所需要的费用;将最感动你的人物和事迹写出来。 |

研学旅行的根本目的是让儿童接触社会和自然,在体验中学习和锻炼,培养儿童刻苦钻研、自信自立、互勉互助、艰苦朴素、吃苦耐劳等优秀品质和精神。研学旅行校本课程有利于儿童体验研学探究的过程,学会科学探究的基本方法,加深对自然、社会、文化、历史的认识;有利于儿童形成科学的自然观和严谨求实的学习态度,更深刻地认识学科知识和社会知识的相互关系;有助于培养儿童形成合作、信任、良好的人际关系,促进师生共同成长。学校组织研学旅行前,召开家长委员会议,充分研究活动方案。

## 八、激活"唤美校园",打造环境隐性课程

苏民学校校园环境优雅,"绿化、净化、美化、硬化"措施到位,布局合理;教学区、办公区、活动区等各区分明;教育信息化基础设施、电教设备齐全;实验室、仪器室、图书阅览室、多功能报告厅等教学设施设备完善。

环境是最好的教育者。应营造有益于儿童身心健康发展的教育氛围,培养儿童的审美能力、想象力和创造精神。在学校环境文化方面,力求让学校更优美、更

和谐、更具有人性化,让学校每一面墙、每一块绿地都成为儿童自我教育、展示风采的最佳场所,以实现良好环境与人的互利共生,让校园成为儿童身心舒展的地方。"唤美校园"建设主要包含以下几方面:

### (一) 大厅文化

凸显"唤醒教育"之主题,将学校教育信条、办学理念等文化元素融于其中。

### (二) 长廊文化

学校进一步打造以"唤能学科""唤趣社团""唤情节日"等为主要内容的文化长廊。

### (三) 教室文化

为了让幽雅、健康的教室文化在潜移默化中影响儿童个性的养成、心理素质的锻炼、道德习惯的形成、知识才能的增长,促进师生关系的民主、融洽、和谐,让儿童的生命在充满温馨气息的教室里更加灿烂,需要做到:(1)主题鲜明。设有班名、班徽,主题内容思想健康,体现以儿童为主体的设计理念。(2)整体配置。整洁美观、和谐统一,符合学生年龄特征,彰显班级建设理念,切合学校工作要求。设有"图书角""荣誉角""卫生角""展示栏"等,黑板报定期更新。(3)颜色搭配。色彩运用协调,注重儿童性和趣味性。(4)体现"洁"——教室洁净。无卫生死角,桌椅、讲台、门窗、地面等干净无灰尘,窗户玻璃透明干净,墙壁洁白、无人为的污点,靠近本班教室的走廊及包干区无垃圾。(5)体现"齐"——教室摆放物品整齐有序。桌椅横、竖成直线,儿童书包、文具摆放位置统一,卫生工具不脏、乱,作业本、教具、图书、报刊等都摆放整齐,有固定位置,遇到雨天时雨具摆放整齐。

(6)体现"美"——教室布置美观、有本班特色。教室能集中体现出本班的班级风貌、特色和追求的目标等。

综上所述,"让每一个心灵澄澈明亮,让每一个生命幸福成长"课程目标的制定关注学生的现实需求,充分发挥课程目标的导向与调控功能。受课程目标的引领和支配,课程内容的选择与学生全面发展维度充分对接,在保证多样化的基础上实现分层,充分展现学校文化内核——"把生命内在的真善美释放出来"及学生的内在发展需求和发展层次。

# 第三章 每一堂课都是情绪的萌动

每一堂课都是一次情绪的萌动,都是一次心灵的唤醒,都是一次智慧的启蒙,更是一场成长的邂逅。课堂应洋溢着爱与生命的温暖,是教与学的共生共进,是教学方式的迭代与教育境界的更新。

课堂教学是学校教育的主要方式,也是学生发展的重要途径,它以知识的学习为抓手,通过智慧的启迪,实现立德树人的培养目标。"唤智课堂"就是基于这个背景而提出,它是智慧、质朴而又富有生长气息的课堂,是教与学共生的课堂,其价值追求是让儿童受益终身。"唤智课堂",始于立德、终于树人,是教师遵循全面育人目标的课堂;始于自然、终于生长,是教师探索儿童的内在发展规律,让儿童绽放特性,找到生长点,成为更好的自己的课堂;始于学会、终于会学,是点燃思维火焰,科学启发引悟、释放内在能量,具有永久生命力的课堂;始于有形、终于无形,是教学模式从有形规范的模式到无形成竹的内化,是师生共同呈现有意义、有活力、有韵律、有追求的课堂;始于教师、终于儿童,是以教师为主导的学习探索,以儿童为中心的能力开发的课堂。

课堂是成长的地方,而学习是一种实践。学生通过课堂活动与学科实践,处理好与自我、与他人以及与社会的关系,建构客观世界意义,建构伙伴关系,探索自我的价值,由对学科知识的简单记忆,走向更高层次的理解、应用、分析、评价和创造,提升问题解决的能力。对于学生全面发展和高层次发展来讲,课堂教学要基于学科基础知识,又要拓展学科知识以及技能与情感;要基于学科知识理解的深刻,又要基于学科知识应用的全面。

因此,在课堂教学中,教师应该注重教师教学情感与学生学习情感的融合,有效利用在实践中创造生成的产物(即知识的本质)所具有的生成性和动态性,将"知识、情境、活动、素养"等脉络进行联结和整体设计,基于系统科学的思想来组织实施教学,从而实现从单一的知识传授到系统的知识建构,优化课堂结构。为此,在"唤智课堂"教学中,我们重点做到五个转向:从观念到情感,从静态到生成,从知识到境脉,从学科到素养,从原子到结构(见图3-1)。

图中,启智,启发与积累学习的智慧(教师的教学立场);激智,激发智慧地学习的活动(教与学的活动组织);说智,表达与呈现学习的智慧(学生的学习经验成果);导智,激智促能的多元评价(提升素养的教学评价)。

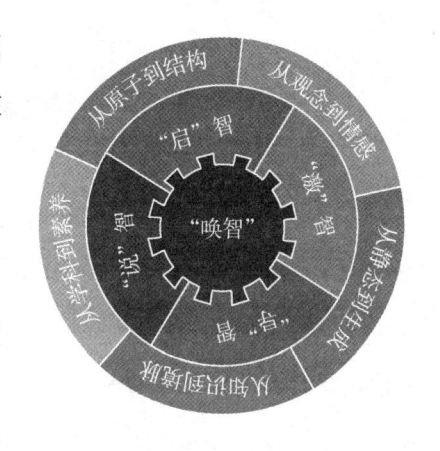

图3-1 "唤智课堂"组织实施的建构图

## 第一节 从观念到情感

情感是人对客观事物是否满足自己的需要而产生的态度体验,不同的情感会让学生有着不同的学习体验,成功的欢乐是一种巨大的情绪力量,它可以促进学生时时学习的愿望;同时,失败与成功相互依存,是创新的催化剂。

教学不仅是传授学生学科知识,培养学生能力,更应着眼于学生内在心理结构的构建,注重情感活动过程,满足学生情感体验。教师在教学过程中运用有效的教学手段,通过激发、调动和满足学生的情感需要,强调教师的教学情感、学生的学习情感之间的互相沟通融合,转变传统教学观念,最大程度地推动学生的学习和情感的完善。

## 一、转变传统的教学观念,注重情感体验

传统的教学观念中教师是知识的拥有者,是支配者,学生是接受者,是服从者,学生应该听从教师的,听话的学生才是好学生。尽管随着教育和课程改革的推进,很多教师都能根据教学知识合理地设计教学,但是学生的学习地位依旧得不到充分体现和尊重。教学过程中教师严重忽视教学中的情感因素,即使学生在学习过程中有自己的看法,也往往不敢表达,束缚了学生学习的积极性、主动性和创造性的发挥。

转变传统的教学观念,创建互动的教学形式,强调重视师生双边的情感体验。情感是联系师生之间、学生与教材之间的纽带。积极的情感是师生共同完成课堂教学任务不可缺少的环节,教学过程既是师生信息的交流过程,同时也是师生情感的交流过程。教师"爱学生",尊重每个学生的人格,重视学生,欣赏学生,倾听学生意见,接纳感受,包容缺失,分享喜悦,让学生体验到亲切、温暖的情感,从而产生积极的情绪和良好的心境,在积极向上的精神状态下愉快地学习,能主动克服困难,奋发进取。从教学需要出发,教师可以创设与教学内容相适应的具体场景或氛围,以引发学生的情感体验,帮助学生迅速进入学习状态,进而正确地理解教学内容,促进他们的心理机能全面和谐发展。

一方面,亲其师,信其道。在教育教学过程中,教师通过自己亲切和蔼的态度、真诚恳切的语言、得体的行为打动学生,使学生相信并乐于学习教师所传授的知识,更加有利于教学实施。教师一个浅浅的微笑、一个富有鼓动性的动作、一句幽默的话语,都会给学生的心理产生一定影响。同时,教师的和蔼可亲与平易近人,会马上拉近和学生之间的距离,使学生乐于和其进行交流,乐于倾听教师的声

音,乐于接受教育。

另一方面,学生在成长过程中常常会表露出种种情感需求,当合理的需求得到及时满足时,学生则会感受到别人对自己的关爱及生活的温暖,并逐渐形成一种积极乐观的情境,增强对生活的热爱与信心,形成优良的品质,教师在教学过程中转变传统教学观念也是对学生情感需求的一种满足与回应。

## 二、转变传统的教师角色,注重情感共鸣

教师要转变传统角色,成为学习的引导者、知识的设计者和学习伙伴,教师应该引导学生探究新知、筛选信息,而不再是课堂的权威人物。通过建立良好的师生关系,教师才能够更好地理解学生的需求和困惑,并在学习过程中提供更有效的支持,而这些的前提是形成融洽、温馨的师生关系。

融洽、温馨的师生关系要以真诚的爱为基础,教师要尊重每一位学生的人格,把学生视为平等的人、自主的人、有发展潜力的人。教师只有用自己的真情实感去感召学生,才能引发学生的情感,产生共鸣,融洽师生关系;才能使学生在愉快的气氛中,积极主动地探索知识,使情与知相互融合,激发出智慧,提高学习效率。

陶行知先生曾指出:"唯有平等,才能将人与人之间的隔阂完全消除,才会发生人格的互相感化。"平等地对待学生,教师还需要注意"小节"。比如,当我们需要学生帮助时,教师就应用征询的口吻,用"请"开头。对学生的支持和敬意,也应该给予回报,要适时地对学生道一声"谢谢",或及时表达自己的感动。也许有人会认为:学生协助教师完成教育教学任务是理所应当的,不值一提。但是,如果教师能够平等地、有礼貌地对待学生,就可以增强教师的亲和力,密切师生关系,为教育教学营造一个良好的教学氛围。

### 三、转变传统的学习方式，注重情感转变

学生的学习方式和方法以及情感状态都是影响他们学习效果的重要因素。学习方式和方法不仅决定了学生从学习中获取知识的深度和广度，而且在很大程度上塑造了他们的自主学习能力和问题解决能力。积极主动的学习方式，如合作学习、主题式学习、问题导向式学习等，能够显著提高学生的知识掌握程度和应用能力，这些方式鼓励学生主动探索、发现知识，而不是被动地接受信息。因此，作为教师，我们有责任对传统的学生单纯接受式的学习方式进行调整，积极推动形成更加多样化、以学生为主体的学习方式，确保学生真正成为学习和发展的主体。

此外，情感可以显著影响学生的学习动机、学习行为和学习兴趣。这就需要教师关注到学生的情感转变，注意到情感在学习过程中的重要作用。当学生对学习内容感到无聊时，便失去了学习兴趣，学习自然也就无法深入下去。因此，教师可以设计更加生动和有趣的教学内容，以激发学生的学习兴趣；可以通过引入真实的案例、生动的图像和有趣的互动活动来使学习内容更加吸引人，从而激发学生参与课堂学习进程的主体性。

例如，在《少年闰土》第二课时的课堂教学中，教师引导学生在情境之中与作者、与人物进行情感交流，调动学生参与学习、主动学习的积极性。在教学"雪地捕鸟"这一段落时，教师先让学生读一读这一部分的内容，找出描写人物动作的词。然后，拿出事先准备好的道具，让学生来演一演，做一做闰土是怎样捕鸟的。学生通过一边做一边讲，对人物有了更深的了解、认识。在这堂课的收尾阶段，当学生学懂了闰土给"我"所讲的新鲜事，"我们"成了形影不离的好朋友后，再出示离别图，引导学生想象：好朋友就要分别了，他们手拉着手，有多少说不完的话呀！

"我"会对闰土说些什么呢？闰土又会对"我"说什么呢？同学们反应积极，于是，在交流时，又让他们演了一演。由于教师注意创设合适的情境，注重学生的情感体验，在表演、观看、评价的过程中，全班学生都感受到了"我"和闰土那种依依不舍之情，对文章中心的体会也就更深刻了。

## 第二节　从静态到生成

　　学科实践的价值意义之一是促进知识观念的革新升级。传统教学观认为，从本质上看，知识具有确定性、结果性、现成性等属性。基于学科实践的教学观认为，知识内蕴在探究、建构、运用、实践的过程中，知识的本质不是脱离具体的生活实践情境和个人经验而独立存在的，不是静态的，而是个体解决问题的工具，是在实践中创造、生成的产物，具有生成性和动态性。

　　学科知识观念体系因实践而形成，正是因为在实践中遇到各种问题，所以在问题解决过程中构成了一个有机的理论体系，从而形成学科体系。概括而言，学科体系的生成是从知识理解到思想建立的过程，学生应逐步实现从知识的事实性理解向学科体系建构的专业化进阶。

### 一、事实理解：从学科知识理解到简单观念的初显

　　对学科知识的事实性理解是学生学科观念生成的基础与起点。知识理解程度决定着观念生成的形态，从学科知识理解到简单观念的初显，主要对应于学生

知识理解的层次,学生在这一阶段接触到该学科领域内的专业概念和学科现象,对学科知识形成初步的感知认识。简单观念的产生意味着学生通过心理活动,积极调动了个人的感觉与思维,结合既有的经验对学科本体知识进行物象化与抽象化,对学科知识形成相对独立的、局部性的认识。在此过程中,学生形成了多个单独的关于某个学科研究对象的具象性认识,但观念与观念之间的关联性还较为微弱,尚未形成系统性的整体。

例如,在学习化学时,学生首先需要理解化学反应的基本概念,即物质之间发生的转化过程。在初步理解阶段,学生可能只是知道化学反应有新物质生成,但对其背后的机制并不清楚。随着学习的深入,学生开始接触到不同类型的化学反应,如合成反应、分解反应、置换反应等,并理解它们在日常生活和工业生产中的应用。然而,此时学生的理解仍然是表面的,只是一个简单观念的初显。

简单观念具有单维性,需要进行更为深入的关系推演和意义关联,方能显现出观念与观念之间的内在逻辑。这些事实性的简单观念作为学生学科知识经验的材料积累,将成为学生理解复杂知识的经验载体,是学生建构知识结构与观念体系的基础性内容。

## 二、观念联结:从观念整合到复杂观念体系的建立

观念联结其实就是学生用理性思维去连接那些简单的观念,让它们形成一个更复杂的观念体系。这个过程不是简单地把知识观念堆在一起,而是按照学科的逻辑和理性思维,把已经学过的知识观念重新整理。在学科学习的过程中,观念联结就像搭积木一样,随着知识的积累,不断地进行动态构建。简单来说,观念联结就是让学生更好地理解、掌握和运用知识的过程。

例如,在学习几何时,学生会先掌握"点"和"线"的概念。点无大小,线由点组成,有长度和方向,但理解这些不足以掌握几何精髓。接着会学习平面图形,如三角形、四边形,将"点"和"线"的知识融合。如三角形由三条边和三个顶点组成,四边形由四条边和四个顶点构成。通过不断地学习和思考,学生会逐渐将"点""线"和"平面图形"等概念整合成一个完整的几何知识体系。在这个学习的过程中,学生会深刻理解到几何学的基础正是这些看似简单的概念,而更为复杂的图形和定理,都是基于这些基础概念进行推导和演绎的。

在实际操作中,观念联结的过程可能并不总是那么顺畅。有时可能需要反复回顾和梳理已经学过的知识,或者通过做一些练习题来加深理解。但正是这样的过程,才能够将简单的观念联结起来,形成对知识的深入理解和应用。

简单来说,观念体系的形成其实是一个逐步构建知识结构的过程。在这个过程中,原本零散的观念会被组织成一个立体化的体系。这个体系就像是许多事情组合在一起,按照一定的顺序产生关联。总的来说,这个观念体系的建立,是形成学科思想的基础,它为我们深入理解学科观念提供了重要的思维材料。

## 三、思想提炼:从观念体系的抽象概括到思想形成

学科观念生成的最终阶段是从观念体系的抽象概括走向学科思想形成,学生对知识结构与观念体系进行群集化与抽象化,真正建立起富有理性与逻辑、思维与方法、价值与态度的学科思想。学科观念的形成正是通过对学科现象进行逻辑分类并对其共同要素进行提取凝练,由此形成的能够反映学科核心概念、思维方式与价值态度的学科思想。

例如,在构建初中生物学"生态系统的组成"这一重要概念教学中,教师通过

创设实践情境,引入概念;结合实践情境,分析交流,生成概念;通过迁移运用,巩固概念;将实践情境延伸至课后,深化概念,逐级实现概念进阶,站在单元整体教学的角度最终生成大概念,发展学生终身学习的能力。这一过程就是知识观念体系进一步转变为学科观念的思维过程。

观念体系向学科思想的转化,使得学生的知识观念被赋予学科逻辑并实现意义生成。学科中具有特定的思维方式,学生在与学科知识的互动过程中习得学科经验与学科思想,能够基于学科的特定视角来认识与解释世界的有关现象,在感性经验与理性思维的交融性发展中形成更为全面的认知视野与思维方式,从而能够运用学科化和专业化的方式去解决复杂的现实问题。其最终目的就是让学生未经思想化与观念化的符号知识,与内在的自我主体和外在的现实世界产生互动,真正促进学生的发展,即从静态到生成。

## 第三节 从知识到境脉

知识本位的教学观认为教学的目的就是把这些静态的真理一成不变地传授给学生,无须重新探究,更谈不上自己有什么研究和发现。学生的学习活动关注是否获得知识这一结果,而不关注知识如何获得,更不关注知识生成的过程和方法。知识本位教学已经不符合新时代教学理念。

境脉学习理论最初是在美国推出的学习与教学研究手册中提出来的,其中境脉是指包括多种因素在内而表现出来的一种协同作用,这些因素不仅包括教学的物理环境,更多关注的是学生的情感、心理、认知等方面,这为我们的课堂教学改革提供了一种方法。

"境"即创设情境,"脉"即教学主线。本文提出的"境脉"式教学是指所创设的情境要服务于教学目标这一主题,围绕教学主线展开,即目标引领下的"境脉"式教学。通过情境脉络将"知识、情境、活动、素养"等脉络进行联结和整体设计,优化课堂结构。"境脉"视角下的课堂教学要以特定的教学目标为导向,设计突出学生的主体地位,激发学生的学习兴趣,具有一脉相承的教学情境,并从情境中衍生问题和任务,以问题的解决和任务的完成来实现课堂教学对基本知识和基本技能的落实,提升学生的核心素养和综合能力。

## 一、知识生成:建构系统性的知识脉络

境脉式教学要基于知识本身的特点,研究知识与知识之间的关联。境脉中的"脉"强调学科知识的系统性、条理性,学习者已有知识结构与新学知识的系统与衔接性。分析学生已经学习过的知识中哪些与新知的学习有关联,以及所学新知与后面要学习的知识之间的关联,形成旧知—新知—后知之间系统的知识脉络。

比如,以小学数学中的《平行四边形的面积》一课为例。

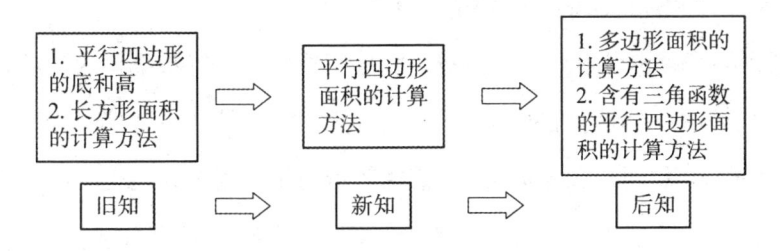

| 1. 平行四边形的底和高<br>2. 长方形面积的计算方法 | ⇒ | 平行四边形面积的计算方法 | ⇒ | 1. 多边形面积的计算方法<br>2. 含有三角函数的平行四边形面积的计算方法 |
|---|---|---|---|---|
| 旧知 | ⇒ | 新知 | ⇒ | 后知 |

**图 3-2 《平行四边形的面积》一课知识脉络图**

建构知识脉络,不仅能认识到知识的本质,最为重要的是让学生感受到知识之间的普遍联系,特别是理科的教学中,任何一个知识点都不是孤立存在着的。只有让学生浸润于知识境脉之中,才能有效地发展学生的思维,让学生感悟到其思想方法,不断积淀学生的核心素养。

## 二、情境创设:创设结构性的情境脉络

境脉式教学需要将教学情境进行整体结构性设计,情境之间要有脉络逻辑关联,可以在其中置入问题链的设计,并让问题与情境之间有一定的逻辑联系。同时情境的发展过程要与学生的知识构建、思维培育相关联,形成具有整体架构的、逻辑关联紧密的学科认知结构和高阶思维。

例如,在初中数学《再探一元二次方程》一节教学中,以学生熟悉的背景作为情境引入,创设结构化的情境脉络。

背景:在苏民学校有一方美丽的种植园。学校每年春天都会组织各年级的学生进行春播行动,各年级的同学们会在不同的区域种植不同的蔬菜等。

问题:在播种前,每个班级的学生都需要确认播种区域,九(1)班"春播小组"的同学们想用一条长40米的绳子围出一个面积为70平方米的矩形作为他们的播种区域,问矩形相邻两边的长分别是多少米?

结构性的情境脉络教学使学生得以在更高层次上开展系统化的学习,通过深度参与、体验和探究情境问题,触发学生的深度思维。从单元教学的角度将学生的生活逻辑与学科逻辑紧密融合,使情境逻辑与学科逻辑互相交织,使结构化的情境设计与结构化的教学内容高度吻合,真正实现教学情境与学科内容的有效链接。

## 三、活动驱动:设计任务性的活动脉络

新课改提倡在课堂教学中,要努力创设能引导学生主动参与的学习环境,激发学生"自主、合作、探究"的积极性,培养学生积极主动掌握知识、应用知识的意识与能力。因此,课堂教学的活动设计更加凸显其重要作用。境脉式教学中,教学活动的设计一定要服务于教学目标这一主题,引导学生在活动中学习与探索,让学生在体验中思考和积累丰富的经验,培养学生自信心以及团队协作精神。为此,我们就要设计任务性的活动脉络,提供适合的小组学习任务,支持知识的合作建构。

例如,在初中数学《再探一元二次方程》一节教学中,设计了如下的任务型活动脉络。

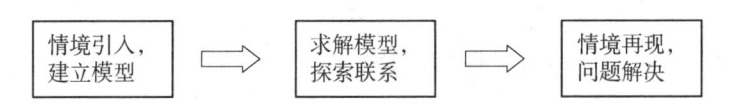

情境引入,建立模型 ⇒ 求解模型,探索联系 ⇒ 情境再现,问题解决

图3-3 《再探一元二次方程》一课活动脉络图

【问题1】你能尝试再自编两个一元二次方程,其中一个是比较特殊的一元二次方程吗?填入表格第一列。

【问题2】你打算用哪个方法解这两个一元二次方程?为什么选择这个方法?(观察方程有什么特征)

| 方程(自编) | 特点 | 解法 | 注意<br>(解方程过程中的注意事项) |
|---|---|---|---|
|  |  |  |  |
|  |  |  |  |

【问题3】一元二次方程的四种解法之间有什么联系？

线索1：求根公式的导出过程。

结论1：公式法是在_____法的基础上归纳得到的。

线索2：回看引入问题的解答过程。

结论2：配方法是以配方为手段，以_____法为基础的。

线索3：再次回看引入问题的解答过程，思考在配方之后，还能用其他方法继续计算吗？

结论3：用配方法解方程时，在配方之后，还能用_____法完成后续的计算。

境脉式教学提供了真实的情境，每个情境蕴含着相应的教学内容，每项学习内容的落实又可以通过完成相应的任务来实现。学习任务更具有操作性，能激发学生的学习动机和兴趣，更好地关注学习个体的内在需要。

## 四、素养提升：培育能力性的素养脉络

境脉式教学强调建构真实的、源于生活的真实性学习，是发展学生核心素养的一种重要课堂途径。它借助情境中的问题驱动，通过学生与教师的双向互动，发挥学科育人的功能。引导学生面对生活世界的各种现实问题，从"小情境"中揭示出"大道理"，有利于学生在情境的动态生成中活化与内化知识，发展高阶思维，追求深层次意义的理解，同时有利于培养学生在复杂和不同情境下分析和解决问题的必备品格和关键能力，促进学生能力性核心素养脉络的发展与提升。

例如，在初中数学《三角形中位线》一节教学中，引入了数学史"古巴比伦泥板上的三角形分割问题"。

在一块由考古学家发现的古巴比伦泥板上记载着这样一个有趣的故事:在巴比伦两河流域,有四位兄弟本来相安无事地生活着,直到一天他们父亲的去世打破了这一平静,大家为了分割父亲留下的一块土地而争论不休,谁都不肯吃亏。

土地为三角形形状,请同学们利用所学的数学知识设计方法帮助这四位兄弟解决矛盾,回归平静的生活,同时也要对自己设计的方法有所说明,来说服四兄弟停止争论。

真实、具体的问题情境是学生学习的重要载体,更是学生形成和发展核心素养的重要手段。学生亲历建构知识、运用所学解决问题的过程,印象深刻,理解透彻。驱动性任务发展了学生获取证据、分析推理的能力。创设有价值的问题情境,激发学生的探索精神,充分发挥学科的育人价值,培养学生的学科核心素养,促进学生知、情、意、行的统一,这是我们教师的责任,更是我们的使命。

综上所述,境脉式教学中要让情境指向教学目标,建构系统性的知识脉络;要让学生能够"入境"进而"生情",创设结构性的情境脉络;要让学生在体验中激活思维,设计任务性的活动脉络;要关注学生认知的发展和能力的提升,培育能力性的素养脉络,从而更好地提升课堂教学的实效性。

## 第四节　从学科到素养

学科核心素养是义务教育阶段各学科都应该关注的重点。然而,学科核心素养这一较为抽象的概念应该如何落实到具体的日常教学中去,一直是教师们费心解决的难题,这要求教师首先要搞清二者的关联。简而言之,经过整合的学科知识会呈现结构化的特点。而结构化的知识又在学科特定的思维方法的牵引下转化为一种学科能力。对学科能力进行的综合运用即为学科核心素养。

教师在日常教学中如何实现从学科知识的传授到学科核心素养的培养，不妨从以下几个点入手。

## 一、整合已有知识，建立知识体系

授人以鱼不如授人以渔。与其把零散的知识灌给学生，不如带领学生做好知识体系的架构。学生通过课堂学习收获的较为基础的知识点是学生参与之后学科学习的前提和基础，也是培养该学科素养的必要条件。而学生所掌握学科知识是否能够呈现出一定的知识体系，跟学生学科素养的高低有着密不可分的关系。比如，学科素养水平低的学生只能掌握一些细碎的、简易的、未经深思熟虑的知识；而学科素养水平高的学生往往能对已有的零碎知识进行归纳总结，形成比较规范、系统的知识体系。此外他们甚至可以举一反三，根据已经掌握的知识进行深层逻辑的推理和演算。

在日常教学中，教师往往会聚焦于单个知识点的学习，在知识点的传递上花费大量精力，从而忽视了更高阶的教学目标。越是顾此失彼，越容易使得学生在长此以往的机械性学习中失去学习兴趣，失去自主思考探究的能力。我们甚至可以说，一些灌输式的传统课堂模式阻碍了学生的核心素养的培养。

要解决这一问题，首先需要教师有学科整体观，即教师本身是有着将学科知识系统化、体系化的能力。其次，教师需要指导学生对知识进行一定的梳理。这个梳理并不是按照死板的学习顺序或者教材目录，而是围绕着本学科的大概念，由一般到特殊，由简单到复杂，由课内到课外这样符合学科学习逻辑的顺序。在此过程中,教师应格外注意知识"从课内到课外"的迁移。因为知识学习的最终目标是运用到解决生活实际问题中去。要实现这一点,还需要教师帮助学生将一定的情境代入到知识体系中去。

以统编版六年级上学期语文第 11 课《宇宙生命之谜》的教学为例,这是学生进入中学后接触的第一篇说明文。讲授时不宜割裂文体方面的知识进行碎片化讲授,如直接告诉学生本文的说明话题是什么,哪几句话使用了哪些说明方法等。教师应该结合学生小学阶段已经掌握的知识进行知识体系的建立。比如,小学时学生们学过《昆虫备忘录》和《纸的发明》。教师可以让学生比较这两篇说明文的说明对象跟《宇宙生命之谜》有何不同,从而让学生了解:说明文按照说明对象的不同可以分为事物说明文和事理说明文两类,再让学生判断《宇宙生命之谜》的说明对象是什么。这样一来,学过的零碎知识和未学的知识得以打通,学生不仅将本文相关的文体知识搞清了,也掌握了说明文这类文体相关的知识体系。

## 二、探寻思维方法,提升分析能力

新课标提倡学生自主学习,换言之,要让学生在感兴趣的前提下,有独自分析问题、解决部分问题的能力。过去的课堂以教师讲授为主,在教师的引导下,教学目标看似完成了,但是学生的综合素养未必得到提升。

教师在课堂上要带领学生发现问题,这就要求学生有质疑的精神。学生对问题进行考查、比较、分析后,运用学科术语和专业知识有条不紊地表达出自己的见解,是其发展学科核心素养的重要基础。新课程标准要求学生能够针对实际问题,灵活地运用学科知识,自行探究解决问题的切实可行的方案。因此,培养学生的思维方法和分析能力显得尤为重要。

教师应当将思维方法的引导有机融入知识的教学,以提高学生学科能力水平。不仅要关注课堂知识的讲解,更应该关注并引导学生掌握知识体系所涵盖的思维方法,尤其要关注学生的学习过程,重视学生的学习经历。课堂上的问题设计应有利于激发学生多角度、多层次思考,少用判断性提问,少问可以集体回答的问题,多用"为什么""怎么办"等说理性提问。比如朱自清的散文《匆匆》中多处运用了比喻的修辞,来表现时间过得快而无痕、一去不复返等特点。很多教师都会反复问学生"这句话使用了什么修辞手法",从而造成一节课上教师问得太多,学生思维却没有得到发展。而有利于培养学生思维能力的问法应该是"作者在这几句话中多次运用比喻的修辞手法,他的目的是什么呢",借助这样的问题让学生去思考语文学科中比喻这种修辞手法的用处,以及作者的写作意图。

教师的提问方式对学生有着不同的引导效果。因此,教师更应该将思维方法的引导有机融入知识的教学中,如此,才能改变学生的思维模式,提升他们的分析能力,进而提高学科核心素养。

### 三、拓宽视野边界,厚植创新品质

"双新"背景下,实践活动逐渐成为课程实施的重要组成部分。组织好相应的学科实践活动,有利于激发学生参与课堂的积极性,提高学生的学习兴趣,培养他们解决实际问题的能力。

如统编教材七年级上学期语文第六单元《皇帝的新装》一课,可以组织学生自行编排课本剧,对课文进行二次创作,在表演戏剧的过程中,把握故事中不同的人物形象,理解故事讽刺的对象,从而使学生明白诚实的可贵。对课文的二次创作就是一次创新活动,老故事怎么讲出新精彩,学生会发挥自己的聪明才智。

学科核心素养要求学生能够积极参与社会实际生活,在真实情境中提出问题、分析问题和解决问题。但是在一节课中,"问题"是有限的,这个课堂相对于社会大课堂而言只是一个小课堂。因此,教师的视野一定不能局限在一节课上,应该引导学生走到各种社会实践中去。比如,学校平时会组织学生参观美术馆、大剧院、游乐场,周末会建议学生投身图书馆、体育馆等学习活动的场所,暑假里会要求学生去社区参与实践活动。这些活动都是改变固有思维的契机。如果教师能够拓宽视野范围,将这些活动的场所都视为课堂,并且适时引导学生进行一系列的紧贴课本知识的生活问题探究,那么这些活动就能够有效锻炼学生获取信息、语言表达的能力。

如统编教材六年级上册第12课《故宫博物院》,这篇课文介绍了故宫博物院建筑群的特点。一方面,教师在课堂上邀请去过的同学给其他同学当导游,畅谈自己的游览见闻。另一方面,可以带领学生去学校或者校外的图书馆中查阅与故宫博物院有关的书籍,进一步了解故宫博物院的相关知识,也可以让有条件的同学在寒暑假中实地游览,为本次的游览写一段解说词。此外,可以在学校组织的外出游学活动中,引导学生仿照《故宫博物院》这篇课文的写作思路,给所参观的建筑也写一段说明性的文字介绍。这样的实践活动让学生在学的过程中能够唤醒自己的生活记忆,在生活实践中也能收获知识。同样是介绍故宫博物院,学生肯定会有跟作者不同的思路,介绍生活中自己周边的建筑,他们也会有新的奇思妙想。而课中课后的这些活动就是培养创新品质最好的载体。语文学科听说读写的能力在一次次的活动中得到加强,学科素养自然得以落实。

## 第五节　从原子到结构

"唤智课堂"中"从原子到结构"的教学转向,即基于系统科学理论,教师用系统科学的思想来组织实施教学,从单一的知识传授到系统的知识架构,从指导学生单一地解题到整体地分析、解决问题,从基于知识的课堂表现性评价到基于素养的过程性评价,实现学生由积累学的智慧到智慧地学、创造性地学。

新时代的教育要求学生不仅智能要发展,非智力因素也要发展,也就是实现学生全面而个性的发展。英国课程论学者斯滕豪斯把学校教育分为"训练"(training)、"教学"(instruction)、"引导"(induction)三个过程。训练是使学生获得动作技能的过程,教学是使学生获得知识信息的过程,而引导是使学生获得以知识体系为支撑的批判性的、创造性的思维能力,帮助他们进入"知识的本质"的过程。因此,基于学生发展的多元性、课程知识的重要性、知识本体的复杂性等方面,"唤智课堂"的教学突破了单一线性思维的束缚,着力践行"从原子到结构"的教学理念,即基于复杂性思维,确立认知与实践相结合的多层次教学目标,建设关联与融合相结合的学科学习资源,实施建构与重组相结合的多元性教学评价,以促进学生高阶学习的教学实践。

### 一、基于"复杂科学方法论"的教学逻辑建构

从认知上来说,教学实践过程是教师教学思维运演的过程,也可以将这一过

程概括为教师对教学逻辑把握的过程,即教学逻辑持续不断建构的过程。所谓教学逻辑是指教师基于对学科教学与学生发展关系认知基础上形成的关于教学内容与教学活动序列安排的构想。它由教学目标、学科逻辑、学生认知逻辑以及教学内容,即教学活动逻辑四大基本要素共同组成,各要素之间不是孤立存在的,而是按照某种相互作用的方式组成的复杂系统。

### (一) 准确认识教学逻辑建构的基本要素

每节课都会由多个教学内容和多种教学活动形式组成。从微观上来看,在教学实践中教师要动态关注教学逻辑系统表层结构中教学内容与教学活动形式之间相辅相成的关系,将单个教学内容和教学活动形式的设计置于本节课的整体架构中,系统思考各教学内容和教学活动形式在整体结构中的位置和相互关系。教学逻辑系统中各构成要素之间是以立体网络的形式相互作用的。从宏观上来看,在教学设计时,教师要准确把握教学逻辑系统深层结构中教学目标、学科逻辑、学生认知逻辑之间彼此制约的关系,将多个教学内容和教学活动形式的设计呈现出整体架构的优质性,从而实现教学逻辑系统由深层结构向表层结构的有效转化。

### (二) 灵活捕捉教学逻辑线索的随机特性

课堂教学中,并不是所有的教学活动都是按照预先设定好的程序(教学活动序列)进行的。教学中按照正确的、合理的既定教学目标,结合本体知识之间的次第关系和学生已有认知的呈现进行组织教学,即为教学逻辑线索。然而,课堂教学存在偶然性和不确定性,特别是学生对教学内容的反馈会呈现出许多未知的结果,因此,基于教学逻辑线索的随机特性,"唤智课堂"教学不再是教师执行预期教学计划与程序的过程,而是教师根据课堂教学中生发的"偶发事件",灵活捕捉教学逻辑线索,对原有课堂教学内容与教学活动形式的安排进行即时性调整或重构。

例如,教师在沪教版七年级数学第一学期《因式分解》一课教学时,将题目"因式分解 $x(x+4)+3$"与上节课"因式分解 $(2a+b)^2-(2a-b)^2$"进行对比,思考"将多项式进行展开运算"这种分解因式的方法是否可行。经过思考依然有部分同学觉得不行,因为因式分解是将一个多项式化为几个整式的积的形式,而这种方法采取的是整式乘法,与因式分解的概念不符。基于此,教师接着引导学生再次思考概念中提到的"将一个多项式化为几个整式的积的形式"这句话,是否有提出限定必须采用怎样的方式进行转化。学生经过思考发现没有限定方法,但是接下来的新知——因式分解的方法,比如提取公因式法、公式法、十字相乘法都是研究如何进行因式分解的转化问题,但原本可以直接用公式的多项式用了整式乘法展开的方式却不可行。教师进一步追问,现有教材上是否囊括了因式分解的所有方法。学生认为显然不是,比如"因式分解 $x(x+4)+3$"这道题,就没办法按照既定方法来,必须先展开再做,可见方法不是绝对的。以上不难看出,书本上的知识只是冰山一角,方法也不是唯一的,事物也很难是绝对的。从因式分解的概念,我们知道只要是将多项式化成了整式的积就是进行因式分解,至于怎么化,需要具体问题具体分析。因为这道题较为特殊,所以对于本题而言,第二种方法是可以的。

可见,教师在授课过程中,完全是根据学生的实际认知逻辑调整课堂教学逻辑结构,灵活组织教学活动,通过多次交流对话,学生对因式分解的概念与方法有了更深刻的理解,师生之间的表达(口)、观察(眼)、倾听(耳)、思考与再思考(心)同步运转,充分展现了教学逻辑线索的随机性。

## 二、基于"复杂性思维视角"的学科资源建设

  课程改革的新阶段,教育教学呈现出新趋势和新形态,基于学生核心素养的教学理念,明确了培养学生全面发展的新方向。随着全面发展教育理念的落实,课堂教学应致力于知识体系的整体性,借助学科融合教学创新模式,打破原有的学科教育壁垒,尝试构建起更为完善的学科教学体系和系统,帮助学生形成认知世界和改造世界的思维能动力。在义务教育阶段,学生往往更多关注对基础知识的学习和掌握,对如何从生活和应用中发现问题、提出问题并解决问题的意识比较薄弱,只是初步意识到不同学科在认识世界和改造世界中的作用,但从生活视角、应用视角来寻找学科之间的同一性和关联性的能力不足。"唤智课堂"教学基于复杂性思维视角,提出基于本体的交叉共融型优质学科资源建设,实现对学科之间的有效关联与整合。

### (一) 学科知识的建构基于背景化和整体化

  复杂的思维模式意味着整体、多维地思考问题。各门学科既有差别,又互为彼此的分支,并始终被置于统一的背景之中。因此,教学内容应当是开放的,不应把课程看作封闭的学科知识体系,要促进各学科课程之间的交流与融合,从而达到整体效应。课堂教学内容应向学生当下的、真实的生活世界开放,把课堂教学内容与学生日常生活中的问题和事件相联系,在这样的背景下进行学科知识的建构。新课程改革中,我们提出的学科统整以及综合实践活动就是基于这样的背景,把知识背景化和整体化的能力成为教育能力的绝对要求。

## （二）学科资源的建设基于大概念和大生活

怀特海说过："教育只有一个主题，那就是五彩缤纷的生活。"学习的目的在于应用，在实践中不断构建新的知识体系，而这种新知识体系构建的能力需要多种知识的融合，因而培养学生用多学科知识构建知识体系对其发展至关重要。基于此，学科资源建设应基于大概念、大生活，不仅要打通学科内和学科间的学习，更要建立学校教育与现实世界的联通。正因为有生活价值，学科知识才有机会在日常的具体情境中被不断地运用，每一次的具体运用都在提升它的可迁移性，都在架构一种立体思维的载体。以大概念为统领，通过多种学科学习的过程，在一定程度上重构、整合、优化学科核心概念，引导学生在做事中深度学习，从而形成迁移学习系统。

例如，讲授沪教版二年级下册第六单元几何小实践《东南西北》一课时，教师通过创设生活情境，借助有效提问，促进学生深度学习。教师引导学生对东、西、南、北进行更深度的探究，可以设计如下的问题："平面图上冰激凌店在小胖家的西面，也可以说在小亚家的东面，为什么冰激凌店的地址没有变化，但描述它的位置时却有两个方向呢？"通过对这一问题的思索，学生可以得出参照物不同时，描述物体所处的位置的方向也会不同。此时学生对方向的理解有了一定的深化，教师继续利用提问引导学生进行更深一步的探究。比如，可以设计如下的提问："找一找中国地图中含有东、西、南、北的地名，例如'广东''江西'等，利用地图和小组成员讨论为什么这些地名中含有东、西、南、北。"也可以设计如下的一道练习题："在我国有五座名山，合称'五岳'，他们分别是中岳嵩山、东岳泰山、南岳衡山、西岳华山、北岳恒山。根据这句话里所蕴含的方向性，在图中填一填。"在提问与习题的引导下，学生在深度的探究中能将学习到的知识与建立的知识逻辑体系反哺于具体生活，通过这项练习也能让学生意识到实际的生活中方向的逻辑体系是有用的。

## 三、基于"复杂性思维视角"的课堂教学评价

教育评价事关教育发展方向,是教育改革的核心环节。《义务教育课程方案和课程标准(2022年版)》明确提出,"倡导评价促进学习的理念,注重提高学生自我评价、自我反思的能力,引导学生合理运用评价结果改进学习"。课堂评价作为教育评价的重要组成部分,是一种典型的形成性评价,与教师的"教"和学生的"学"有着紧密的联系,是涉及学生能否高质量学习、高水平发展的关键。然而,人是复杂的,由人的"对话、交流、沟通"构成的课堂必然也是复杂的,是灵动多变的。课堂教学具有的非线性特征,需要我们践行"从原子到结构"的教学主张,运用复杂性的思维方式来看待与评价整个课堂,注重课堂教学的生成性、开放性,让课堂回归本真状态,焕发活力,从而激发学生无限潜能,让学生能够在课堂学习中更好地发展,更多地体验生命的意义与价值。

### (一) 始于预设,终于生成的"动态性"评价

特定的课程标准、教学逻辑建构需要特定的学科资源作载体,特定的资源、不同的对象又需要不同的方式、方法的重组与创造,因此课堂需要保持开放。课堂教学是一个动态系统,课堂是师生、生生、生本的多元信息联系和反馈交流过程。在这个过程中会有许多无法预测的偶发情况产生,因为教师、学生都是一个活生生的、能动的主体,彼此之间的互动成效我们不能作出准确的规定,不能提前作出准确的预测和判断。"唤智课堂"的教学评价不能局限于目标取向,而必须用不断变动的思维来进行"动态性"评价。这种动态生成评价兼顾目标取向和过程取向,以课堂预设为前提,是建立在对教学内容和学生状态的分析、对可能的期望发展

分析的基础上的"弹性"预设,是关注学生真实发生的进步的增值评价。

**(二) 始于课内,终于课外的"延展性"评价**

教学活动是发生在课堂内外的一切教与学的活动,包括教师活动、学生活动和师生之间的交互活动。美国当代教育革命家古德莱德"课程层级论"认为课程分五个层次:理想课程、正式课程、领悟课程、实施课程、体验课程。其中,体验课程是学生实际体验到的课程,尽管经历了同样的课程和学习,但不同学生会获得不同的学习体验,是儿童经验的再改组、再创生,是课程运行最终效果的检验。从发展的角度分析,课堂教学评价构建要体现出多元化,始于"课内",终于"课外"。通过关注学生学习进展、自我调节过程和阶段性学习成果,全面理解学生的复杂学习过程和多元学习成果,促进学习者全面、个性、自主发展,体现了关注学生自我反思改进能力的协商式评价,以及关注典型行为的表现性评价。

例如,学校初中"道德与法治"学科的日常考核加强对学生平时学习过程的管理,规范课程平时成绩的考核与管理,注重多元评价和过程性评价。日常考核中关注学生的学习表现、学习能力和实践能力。学习表现以作业按时完成和及时订正、课堂表现等为观测点;学习能力以搜集并提取有效信息、理性表达、主动探究、善于发现和分析问题等为观测点。六至九年级的每个学期,学生对"学习表现和学习能力"进行自评或互评。九年级第二学期,任课教师根据每个学期的学生评价,依据进步变化和学生自评、互评的结果,用考查方式进行综合评定。

学生作业由完成情况、完成质量和订正情况三部分组成,占学习表现和能力的25%;课堂表现从听课、发言、合作学习、课堂作业、思维创新等方面来评价学生,占学习表现和能力的25%;学习能力从学生作业、课堂回答、小组合作及期末笔试等角度来综合考查,占学习表现和能力的50%。合格即得10分,不合格酌情扣分,有进步最终合格者酌情给分(见表3-1、表3-2)。

**表3-1　学校初中"道德与法治"学生作业评价表**

| 项目 | A级 | B级 | C级 |
|---|---|---|---|
| 完成情况 | 全部 | 大部分 | 基本没有完成 |
| 完成质量 | 字迹端正<br>回答完整<br>正确率高 | 字迹较端正<br>回答不够完整<br>正确率较高 | 字迹潦草<br>回答简单<br>正确率低 |
| 订正情况 | 全部及时 | 部分不及时 | 不订正 |

说明:依据完成情况、完成质量和订正情况的评价,综合给出等级。

**表3-2　学校初中"道德与法治"学生课堂表现评价表**

| 项目 | A级 | B级 | C级 | 自评 | 组评 | 师评 | 总评 |
|---|---|---|---|---|---|---|---|
| 听课情况 | 认真<br>(积极思考) | 比较认真<br>(偶尔有走神现象) | 不认真<br>(走神、讲话现象比较严重) | | | | |
| 发言情况 | 积极<br>(有自己的观点) | 能举手<br>(较少有自己的观点) | 很少举手<br>(不发表自己的观点) | | | | |
| 合作学习情况 | 善于<br>(虚心听取别人的建议) | 能够<br>(接受别人的建议) | 缺乏<br>(难以听进别人的建议) | | | | |
| 课堂作业情况 | 认真<br>(迅速完成、质量高) | 能完成<br>(速度慢、质量一般) | 不能完成<br>(没完成、质量差) | | | | |
| 思维创新情况 | 有<br>(能用不同的方法解决问题) | 有一定<br>(能用老师提供的方法解决问题) | 没有<br>(不能独立解决问题) | | | | |

实践能力以参与社会观察、参观访问等实践活动的真实性和过程性表现等为观测点(见表3-3)。

表3-3 学校初中"道德与法治"学科社会实践活动评价表

| 要素 | 具体描述要求 | 分值 | 得分 |
| --- | --- | --- | --- |
| 主题 | 名称:突出单元目标,指向学科核心素养。 | 1分 | |
| 活动的意义 | 写清为什么;提供学习相关资料,突出思辨能力。 | 1分 | |
| 准备情况 | 介绍自己的准备工作。 | 1分 | |
| 活动过程介绍 | 做好日志,记录活动过程;写清完成什么任务,突出表达能力、信息技术能力、解决问题能力、自我调控能力,体现能动性、道德意识、法治意识、社会责任意识、合作意识,字数1000字左右。 | 3分 | |
| 活动结果分析与思考 | 运用学过的"道德与法治"学科理论对学习结果进行分析,突出观察与分析问题的能力、反思能力。 | 2分 | |
| 附相关图示资料 | 小视频、录像、照片等。 | 2分 | |

说明:该评价表用于指导学生的社会实践活动,规范实践的计划、实证记录过程和结果分析,积累资料。实施途径有:(1)学校的实践活动,例如研学、生涯规划、社区活动等;(2)"道德与法治"学科的实践活动;(3)其他途径提供的实践活动。

综上所述,"唤智课堂"教学中,从观念到情感能够基于学生品格成长,从学科到素养能够基于知识本原,从静态到生成能够基于学习进程,从知识到境脉能够基于教学进程,从原子到结构能够基于教学特性,催生课堂教学活力和生命力,让教育回归本原。

# 第四章 在学生面前呈现教师的全部人格

叶澜教授说：教师在学生面前呈现的不只是"专业"，而是其全部的人格。优秀的教师是明亮的教师，拥有博大的胸怀，热爱教育事业；优秀的教师是闪亮的教师，拥有良好的文化素养和扎实的专业能力；优秀的教师是灼亮的教师，具有研究性思维，能够用研究意识来解决问题；优秀的教师是敞亮的教师，能够创造性地处理教育问题。

"唤醒教育"是我校一以贯之的教育哲学。实践"唤醒教育"的关键在教师。于教师而言,"唤醒教育"意味着唤醒教育激情,塑造名师梦想。教师只有唤醒自己的教育激情,才能成就自己的名师梦想,才能成就自己的幸福人生。教育是一门艺术,"唤醒教育"的前提是教师要怀着一颗温暖的心,去唤醒、激发学生学习的动力和学习的斗志。

叶圣陶先生说:"学生跟种子一个样,有自己的生命力,老师能做到的,只是供给他们适当的条件和照料,让他们自己成长。"这就是要提倡尊重学生的独立性和主体性,尊重学生的成长规律。教师要充分认识到生命的本体价值,使教育真正以"生命"为原点,尊重生命,润泽生命,美化生命和升华生命。著名教育学家叶澜认为教师在学生面前呈现的不只是"专业",而是其全部的人格。教师要有自身生命意识的觉醒,能充分认识和发现自己生命的价值,从而使自己的生命闪现出人性的光辉。

因此,我校将"唤爱教师"内涵诠释为"四亮":一是明亮,即"唤爱教师"拥有博大的胸怀,对教育有强烈的情感,热爱教育事业,热爱学生;二是闪亮,即"唤爱教师"拥有良好的文化素养,复合的知识结构以及教育能力;三是灼亮,即"唤爱教师"具有研究性思维,能够在教育教学决策中运用研究能力来解决问题;四是敞亮,即"唤爱教师"能够机智、巧妙、创造性地处理教学内容及课堂教学中出现的问题,并能开启学生的智慧、培养学生的良好德行(见图4-1)。

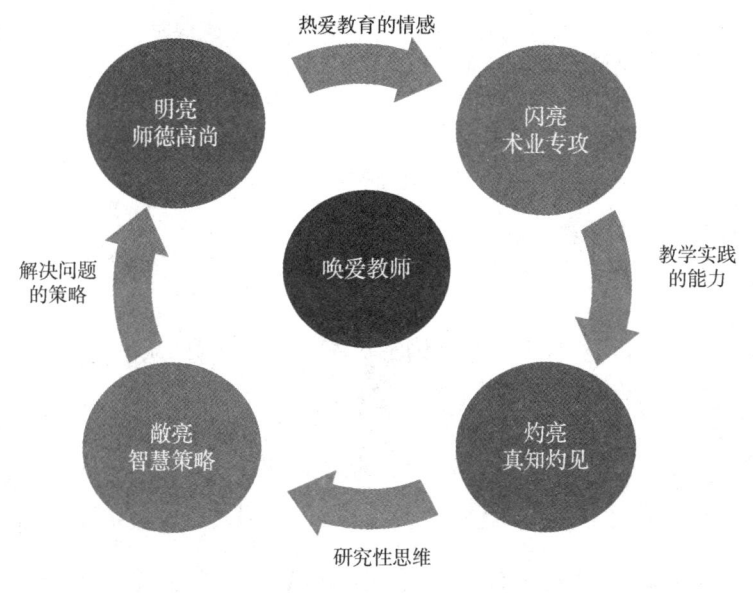

图 4-1 "唤爱教师"核心素养结构图

## 第一节 明亮 师德高尚

"师也者,教之以事而喻诸德者也。"师德,作为社会、教育本身及教师这种职业对其从业者的规定性要求,有历史的继承性,也有鲜明的时代特征。广义地说,师德是教师从事教育教学工作时必须遵循的各种道德规范的综合,它包括教师的职业道德、职业精神、思想观念、道德品质等属于意识形态领域的诸多内容。

## 一、为人师表,坚守高尚的情操

中国古代思想家、教育家孔子提出:"其身正,不令而行。其身不正,虽令不从。""学而不厌,诲人不倦。"叶圣陶先生也曾说过:"教育工作者的全部工作,就是为人师表。"

中华文化历来提倡"修身齐家治国平天下。"学校教育,从根本上说,无论是素质教育还是核心素养,都是为了解决"培养什么人"的问题。为人师表,其使命职责必高于常人,正所谓"学高为人师,身正为人范"也!比之于"学高","身正"更为重要。意大利诗人但丁说过:"道德可以弥补知识的不足,知识无法填补道德的不足。"还有一句话,也是人们常说的:"要做事,先做人。"做事是楼,做人为基,基不得固,纵然高厦万丈,终不过沙上一阁。因此,我们必须先筑牢修身之基,再建育人之阁。

2015年1月10日,一则篇幅并不长的讣闻,引起了全国大小媒体的报道,网上一片哀思和惋惜,被网友敬称为"布鞋院士""扫地僧"的中国科学院院士、北京师范大学遥感与地理信息系统研究中心主任李小文因病逝世。这位衣着简朴、身体瘦弱的老先生,平时即使走在大街上,也很难引起别人的注意,却因为一张穿着布鞋登台讲学的照片,赢得齐刷刷的致敬。有人问,"布鞋院士"到底触动了我们哪根神经?恐怕就在于他所能达到的人格修养和精神境界。作为教师,他兢兢业业地教书育人,赢得学生的尊敬和爱戴;作为科学家,他潜心科研,为科学发展作出了重要贡献;作为这个时代的一员,他自然率性、情操高尚,为时代留下了精神积淀。时隔多年,只要有推文或人们茶余饭后再次提起"扫地僧""布鞋院士",李小文院士的这份价值观依然打动人心。

因此,我们认为,教师的要义,首先在自己做人,树立正确的人生观和价值观;其次在认识学生,读懂学生。作为"人之模范"的教师,我们的一言一行都带有强烈的示范性。要教育好学生,教师就必须处处严格规范自己的言行。

教书育人,既是教师辛勤劳动、奉献的过程,也是充实、提高、完善自我的过程。教师的精神与境界应该体现出人文情怀,并将人文关怀渗透在各个不同学科之中。教师不仅仅是传授知识,也应该潜移默化地去渗透、去传递中华民族的高尚情操和爱国思想。

## 二、关爱学生,彰显大爱的本色

爱,是教育的根基,是人民教师的天职,关爱学生是师德的灵魂。冰心曾说:"爱在左,责任在右,走在生命之路的两旁,随时播种,随时开花。"教师就应该是这样的一群人。最新颁布的《中小学教师职业道德规范》第三条就提到:"关爱学生。关心爱护全体学生,尊重学生人格,平等对待学生。对学生严慈相济,做学生的良师益友。保护学生安全,关心学生健康,维护学生权益。不讽刺、挖苦、歧视学生,不体罚或变相体罚学生。"

爱学生,应该力争做到尊重学生的自尊心。我们必须善于发现他们身上的闪光点和积极的因素,引导他们用积极的东西克制消极的东西,要给予不同的表扬和鼓励,使学生的自尊心得以强化。

爱学生,要全面关心学生的成长。一个爱学生且有着高度责任感的教师,应该从学习、生活、心理、生理等各方面去关心学生。既要关心学生的精神生活,指导他们树立远大的理想,培养高尚的情操,懂得做人的道理,有正确的审美意识和审美能力;又要关心学生的学习生活,帮助学生提高自觉性,掌握科学的学习方法，充实课余生活，发展兴趣爱好，真正做到生动活泼地学习，主动积极地发展自己。同时，教师还要特别关心学生的身心健康，使他们能够乐观、积极向上、幸福愉快地生活。另外，充分信任学生，多为他们创造自我表现的机会，开启智慧的闸门，发掘他们潜在的能量，使他们满怀信心和希望地学习和生活。不同的学生有不同的思想、情感，有各自不同的个性特点，教师应当尊重他们的个性，并试着去了解每一个学生的个性特点，根据学生不同个性进行有针对性的教育引导，使每个学生快乐地成长。

爱学生，必须把爱的种子撒向每个学生。不以个人的私利和好恶为标准对待学生。教师爱学生的目的，是要塑造他们，培养好全体学生。所以，教师不能只从个人利益、个人需要考虑爱护学生问题，而要从全体学生的利益出发，爱每一个学生。尽管这个孩子的品质行为不一定合你的意，尽管他可能会给你带来很多不愉快的事情，但既为人师就应该充满着对每一个要与自己打交道的孩子的爱，这就是教师心灵美的表现，也是对国家、人民、未来高度负责的体现。可以设想，如果教师只是对一部分学生施以爱心，而对另一部分学生毫无感情，不仅会造成师生之间的感情对立，而且会影响学生心理的正常发展。得不到师爱的学生，往往会自卑自贱，情绪消沉，不能形成正确的自我认识，影响他们对美好未来的积极追求，更可能给社会留下后患的种子。因此，要把爱的阳光洒向每一个学生。这也是衡量一个教师是否真正爱学生的重要标志。

爱学生，必须保持对学生爱得稳固而持久。学生的心灵是最敏感的。他们能够通过教师对自己的态度来准确地判断出教师是否真心地爱学生。同时，他们也渴望教师能够时时刻刻地关心爱护自己，处处感受到师爱的存在。学生的要求是对教师的期望和信任。教师要满足学生的这种需要，不能因为个人情绪的变化而伤害学生,也就是说,不能心里高兴时、工作顺利时,就喜爱学生;而在心境不佳、情绪低沉时,就将个人的痛苦或不愉快自觉或不自觉地迁移于学生,以至有意无意地伤害了学生。当学生更换的时候,教师仍要注意调整自己的感情,让新生走近自己,让他们体会到爱的温暖,尽快沟通师生的感情。要保持对学生稳固而持久的爱,教师不仅要加强自身的道德修养,有很强的教师角色意识,而且要注意培养自己良好的心理素质,能够在不同的情况下很好地控制自己,以利于学生的成长。

只有爱学生,才能体现出教师的职业道德,有了爱学生的思想,教师才能够使自己全身心地投入教学中,才能树立高尚的道德品质,自觉地努力学习专业知识,弥补业务水平的不足之处,充实自己的教学能力。爱可以让教师信任和了解自己的学生,建立起平等和协调的师生关系。

只有爱学生,才能真正了解学生,在教育学生的过程中,做到因材施教、因人而教,爱是情感中最积极的、最能体现人性本善的一种态度。作为教育工作者就是要用自己的爱去感染身边的每一位学生,让爱在校园里的每一个角落,在师生之间、学生之间互相传递,使学生在充满爱的环境中快乐成长,去争取更大的进步。对学生深切的爱,正是许多教育工作者取得成功的秘诀所在。

只有爱学生,才知道"尊重学生的人格",认识到每个学生都是一个有独立人格的个体。"教"与"学"的关系是一种制度性的授受关系,但也是一种人格上完全平等的人际关系,这样教师在教学中才会充分尊重学生能力、观点和想法,所采取的教学行为才不会有损害学生的人格和尊严。

教育部师范教育司在解读《中小学教师职业道德规范》中的"关爱学生"这一条时强调:"爱,是教育的根基,是人民教师的天职,没有爱也就没有教育。教师职业区别于其他所有社会职业的地方,在于教师所面对的对象不是物,而是活生生的人类个体——学生……。关爱学生,不仅是教师的职业要求,同时也承载全社会的期望。更重要的是,这种师爱的传递使中小学生在受教育过程中获得安全感、归属感,从而形成良好的道德品质以及全身心地投入学校教育的前提和基础。因此,关爱学生是师德的灵魂。"

### 三、终身学习,保持学习的意识

1972年5月联合国教科文组织的报告《学会生存——教育世界的今天和明天》对终身学习的观念作过精辟论述,强调人必须"在一生的一切时间和空间中学习"。1973年,印度教育家达夫在《终身教育与学校课程》中指出,终身教育是一个终生的过程,包括学校正规教育和非正规教育,通过学习实现个人或社会的适应机能的革新机能。1994年在意大利举行"首届世界终身学习会议",提出了终身学习是21世纪的生存概念的理念被越来越多教育工作者接受。终身学习成为时尚,教育的一切方面"贯穿于整个人生,且人自发的、生动的、持续的教育过程,涉及人的思想、智能、个性和职业等方面的内容,处于现代社会中的人,特别是教师,学习是不能一次性完成的,而是要坚持活到老、学到老。

世界经济合作组织(OECD)指出,"学会学习"是21世纪首要具备的能力。[①]《教师专业标准》提出了"学生为本、师德为先、能力为重、终身学习"这四个基本理念,教师要想适应新时代的教育教学需要,必须树立"终身学习"的理念,并向着"以学习为中心"的内驱学习方式转变,不断追求自我完善,不断提高自己的

---

① 吴峰.终身学习国际研究的历史脉络与前沿方向——基于WOS数据库50年文献的计量分析[J].终身教育研究,2021(5):22-29.

专业水平和教学能力。①

新时代中国教师的神圣职责是贯彻执行国家的教育方针政策,培养为社会主义现代化建设服务的具有良好思想道德素质、文化素质、身体素质、心理素质、劳动素质和审美素质的新型人才。一所学校能否坚持社会主义的办学方向,能否培养社会主义事业的建设者和接班人关键在教师。

教师终身学习的内涵在于提高内在素质,扩展知识,提高教学水平。教师可以通过学习的内容、途径和方法不断更新知识结构,保持对新知长久的好奇与敏锐。所谓"学高为师,身正为范",作为一名教师,不但要有崇高的师德,还要有深厚而扎实的专业知识。自己不断地研究,加强对教材的驾驭能力才能提高自己的教学方法,才能提高课堂教学效率,才能满足教学发展的需要,以及带动学生树立终身学习的观念。

作为教师,我们应该树立起终身学习的观念,保持学习意识。只有不断地学习、更新观念和知识,不断地在实践中总结经验教训,吸取他人之长来补自己之短,才能使自己更加有竞争力和教育教学的能力;通过活化了的知识的积淀,教师才能形成自身诸多良好的品质:个性、修养、风度、气质、幽默感、对人的尊重的态度,以及对真理的追求与敬畏。

总之,自古以来,学识、修为和师德都是评判一名教师称职与否的重要标准。而其中,师之德是重中之重。教师不仅是一种理性的职业,更是一种德性的事业。古今中外,凡师者,莫不与"德"紧密相连。为人师者德为先。《左传》有云:"太上有立德,其次有立功,其次有立言。虽久不废,此之谓不朽。"这样的价值排序告诉

---

① 樊华丽,田运虎,李敏,等.终身学习理念下教师专业能力培养研究[J].中国信息技术教育,2022,387(12):82-85.

我们,要想成为"不朽",最上等的便是"立德"。

## 第二节　闪亮　术业专攻

"师者,所以传道受业解惑也。"古往今来,教师在教育中有着举足轻重的地位,教师的专业成长能够帮助学生更快、更好地成长。教师成长的意义不仅是知识的沉淀,更是反映在教学理念的更新、教学方法的创新、教学能力的提升等方面。

### 一、推陈出新,研习教学理论

教学理论可以帮助教师理解和掌握教育教学的规律,从而更好地指导教育教学实践,同时,教学理论能够帮助教师提高自己的知识素养和教学质量。时代的更迭,使教育理论也在不断更新,作为教师,要不断推陈出新,利用多种方式强化自己的教学理论,为教学实践打下坚实的基础。

#### (一) 依托课程标准,把握基础理论

教学理论涉及众多基本概念和原理。《义务教育语文课程标准(2022年版)》明确指出:教师培训要从新时代教育变革的总体方向和要求出发,明晰课程标准修订的背景和价值。① 依托课标对新教师进行项目式模块化培训,系统地学习教

---

① 中华人民共和国教育部. 义务教育语文课程标准(2022年版)[M]. 北京:北京师范大学出版社,2022:14.

学基础理论知识,帮助青年教师从整体上解读新课标、把握新教材、找准新方法、提升学科理论素养,对教师有着重要的指导意义。

### (二) 关注前沿动态,学习最新理论

教学理论是一个不断发展的领域,新的理念和方法不断涌现。因此,教师需要关注教育领域的最新动态,了解前沿研究成果和趋势。作为教师,不仅要加强基本功训练,更要不断拓宽阅读视野,利用课余时间阅读。通过广泛阅读,教师能够丰富自己的文化底蕴,涵养自身的气质修为,从而提升造诣,进而学高为师,厚积薄发。只有教师满腹经纶,博学多才,才能培育出知书达理、谈吐优雅的学生。同时,通过不断学习,经验沉淀,教师可以提炼方法,形成新的理论,丰富已有的教学理论。

### (三) 参与教研活动,形成自身理论

教研组活动是教师参与交流讨论的大舞台。教研组长从评课入手,组织教师进行交流讨论,可以与同事、同行或学生分享自己的学习心得和实践经验,听取他们的意见和建议;也可以拓宽视野,发现新的观点和方法,从而不断丰富和完善自己的教学理论知识体系。如此,帮助教师将自身已有的专业知识和课堂实践相结合,有针对性地梳理出解决问题的策略。教师可以在教研活动中发表自己的见解,互相学习,博采众长,逐渐形成并丰富自己的教学理论。通过不断学习和实践,逐渐掌握教学理论的精髓和方法,提升自己的教学能力和水平。

## 二、学以致用,修炼教学方法

教学方法直接影响教师的教学效果,因此,教师在自我修炼过程中,要不断修

炼教学方法,学习名师方法,结合学生学情,形成自己的教学方法,以更好地培养学生的学习能力和提高自己的教学能力,甚至推动教学方法的变革。

**(一) 描摹名师的优质课,避弯路**

多听指导教师的示范课,多听经验型教师的研究课,多听集体备课的主题课,多听参赛教师的评优课,多听获奖教师的汇报课,多看名师的录像课,细心揣摩他们的点拨、评价、激励等语言艺术的精妙之处,提炼教学的技巧和要领,在模仿中慢慢领悟名师的教学思想和先进的教学理念。渐渐地,模仿多了,思考就多了,成长就会更快。所以,从听课起步、听名师讲课、模仿名师、博采众长是教师的必经之路。

如我校小学语文学科工作室的青年教师成长营项目,就是以"仿名师上课、学名师理念、走名师之路"为主题的系列研讨活动。青年教师可以结合自己的教学内容自选一节名师课,通过观看名师录像课视频、阅读名师课堂文字实录、学习名师教学设计等方式向名师学习,并上一节名师效仿课,从而更好地促进教师对高效教学设计的思考,这是帮助青年教师更好地解读教材、理解名师制定教学目标和设计教学方法的途径之一。青年教师可以在学习的基础上,通过前测并根据自己班级的情况对名师教学设计适当调整,理解名师每一个环节的设计意图,以切身感受一节好课是如何确定精准目标、设计梯度任务的。

**(二) 揣摩学生的个性化,寻思路**

真正的教学应该能在讲课时直接诉诸学生的理智和心灵。所以,教师要揣摩每个学生的兴趣、性格、情绪、意志自制力和思维方式等,指导学习策略,因势利导,因材施教,"授之以渔"。只顾千篇一律、按部就班地传授内容,就会导致教学低效,教学水平也无法提高。

### (三) 力争自己的公开课,炼出路

任务产生压力,压力产生动力,动力提升能力。很多名师都是通过公开课成长起来的。任何一位名师都经历过无数次磨课的痛与快。[①] 根治自身教学顽症,最有效的方法就是在专家面前真实地暴露自己存在的问题,请他们毫不留情地做"外科手术",让你在"痛苦"中脱胎换骨,公开课上得越多,成长就越快。因而,教师要多上课、上好课、好上课,将自己的课堂当作实验基地,积极揣想,进行归纳和提升,从而为自己的教学找到出路。

## 三、教学相长,修炼教学能力

教学能力是教师教学水平的重要体现,通过提高教学能力,教师可以提高教学效果,促进学生的学习能力,提升教师职业素养并适应教育改革的需求。因此,修炼教师,提升教师教学能力是必不可少的。

### (一) 教学设计能力

教学设计是教学环节最直接的体现,是教学活动中最重要的一环,它贯穿于教学的始终,是教师实施教学最重要的依据。修炼教师的教学设计能力,能够帮助教师更好、更快地成长。以语文教学设计为例。

1. 制定教学目标

教学目标是教学的最终目的,是检验教学成果的重要依据。如何帮助教师设计合理的教学目标呢?

---

[①] 王金东.中学教师队伍建设的创新策略探讨[J].华人时刊(校长),2023(1):51-53.

一是依据课程标准,制定合理的教学目标。新入职的教师在制定教学目标时,最先依据的是新课程标准的要求,根据新课标中要求学生达到的标准,结合本课内容的特点,制定符合学生认知特点的教学目标。例如,在语文教学目标的制定中,首先要在语言上突出诵读的学习目标,接着是思维上培养学生的形象思维,然后在审美上注重体会语言的美,最后引导学生感受作者表达的思想感情和人文内涵,领悟中国文字的博大精深。

二是根据学生学情,制定恰当的教学目标。温儒敏教授说:"使用新教材,改革语文教学,一定要立足各自的学情。"[①]学情,是教师制定教学目标时必须深入了解的前提。教师在安排制定教学目标时,要根据学生的发展水平,结合新课程标准的要求,设置有点难度但又不太难的内容,也就是学生通过教师的引导和自己的努力能够达到的教学目标,这就是所谓的"跳一跳,摘葡萄"。

2. 精选教学内容

教学内容多而杂乱,教师要注意对教学内容进行筛选,精选部分内容细讲,教授方法,再让学生用学过的方法自学剩余部分的内容。以语文教学为例,教师可以从以下几个方面精选内容:

一是细读文本,精选内容。王崧舟认为:"细读文本应该是语文老师最重要的基本功。"[②]教材是教学的关键,解决教材的问题,就需要教师细读文本,了解文本的主要内容,知道文本需要向学生传递什么,需要学生树立什么样的价值观和道德观。教师只有细读文本,提炼重点教学内容,才能在课堂上运筹帷幄,帮助学生掌握学习目标,完成教学任务。因此,教师应学会细读文本,明白在课堂教学中选择哪些内容呈现给学生,帮助学生最大限度地理解文本内容,才能更加高效地帮

---

[①] 温儒敏. 如何用好"统编本"小学语文教材[J]. 课程·教材·教法,2018,38(2):4-9,17.
[②] 王崧舟. 文本细读与文本诗意的开掘[J]. 语文教学通讯,2009(23):9-14.

助学生理解文章,提高学生的学习效率。

二是深入文本,巧设重难点。教学重点是一节课最核心的部分,是学生在课堂上必须掌握的教学内容,也是教师重点设计的教学环节。教学难点是教学内容中学生最不易理解,需要教师点拨,一步步启发的内容。因此,作为教师,钻研教材、吃透教材,是抓重难点的前提。教师还要学会合理利用教学手段,如:语言突出、视频展示、板书解析、讲练结合等方式,帮助学生掌握重点、攻克难点。课后,教师还可以根据重难点设计习题,帮助学生将课堂上的重难点进行巩固、提高。

3. 优化教学环节

在教学设计中,教学环节是将教学内容更有效传达给学生的方式,教师根据教学内容设计不同的教学环节,更能提高学生学习的激情,帮助学生提高学习效率。

(1) 提前备课,有备无患

备课是教学必不可少的一个环节。优化备课环节需要教师在课前做好充分的准备工作,深入了解学生,更好地了解学情,制定更加适合学生的教学方法;明确教学目标,将教学目标贯穿于教学的整个过程;整合教学资源,充分利用各种教学资源,为课堂教学提供丰富多样的素材和工具,使教学内容更加生动有趣,激发学生的学习兴趣和积极性;制定备课计划,这有助于教师合理分配备课时间和任务,确保备课工作的有序进行,同时研究教学方法以及进行反思与调整,把控整个课堂的教学节奏。通过这些策略的实施,教师可以提高备课的质量和效率,从而提升课堂教学的整体效果。

(2) 精彩导入,激发兴趣

导入是一节课的开端,吕叔湘说过:"教学一半是科学,一半是艺术。"[1]课前导

---

[1] 吕叔湘. 吕叔湘全集[M]. 沈阳:辽宁教育出版社,2002.

入不仅要求严谨性、科学性,更重要的是,具有艺术性。有趣的课前导入可以激起学生的学习兴趣,使学生更快投入学习状态中。另外,导入也可以是对课堂教学内容进行的必要补充,便于教学更好地开展,常见的背景导入和新旧知识联系导入,就是为了这个目的。

(3) 授课生动,深入浅出

讲授新课是一节课的重心,教师能够把课前备好的教学内容深入浅出地传达给学生,是一节课的核心环节。语文课堂的整体感知,侧重让学生初步了解文章大致内容,把握文章的感情基调,品味文章的美感。深入研读,是帮助学生深入理解文章的内容,挖掘文本内在的知识,侧重文章的认知美和创造美。教师在讲解新授课内容时,可以带领学生一起研读局部,再小组讨论整篇课文,做到由扶到放,培养学生合作探究学习的能力。

(4) 联系生活,趣味巩固

教师可以在讲授新课结束时,让学生联系生活日常,从学生熟悉的角度出发,进行文本拓展,巩固已学新课。如语文教学时,激发学生找出熟悉的生活场景或是经典作品中与本文情感类似的情节和人物,帮助学生获得更加清晰的阅读心得。另外,新课标中特别提出注重学生的个人体验,培养学生全面而有个性的发展。因此,高年级教师还可以引导学生在阅读中"读出自己",对文本本身有自己独特的见解。

(5) 作业

优化作业环节对于提高学生的学习效果和教师的教学质量至关重要。教师要能合理利用资源,设计优质化作业,可以根据各类资源,也可以结合学生的生活实际,布置实践性、探究性作业。考虑到学生的个体差异,还可以将作业分为不同层级,这样可以让各层次的学生都能在自己的能力范围内得到锻炼和提高,激发学习兴趣。同时,教师应及时对学生的作业给予针对性的反馈和指导。优化作业环节的质量和效率,从而促进学生的全面发展。

### (二) 课堂实施能力

课堂实施能力在教学中至关重要。它不仅可以提高课堂的教学效果,还可以帮助学生更好地理解和掌握知识。

1. 注重实效,详略得当

实效,是指教师在一节课内达到的教学实际效果,教师是否按照教学计划完成了教学目标,学生是否完成了学习目标。在课堂实施过程中的不同教学环节对应不同的教学内容,因此,教师需要在课堂教学中留意在下一个教学环节的讲解中检测上一环节的教学效果是否达到预期目标,进而根据自己得到的反馈,及时调整教学方案,保证整节课顺利有效地开展。

详略得当,指教师在课堂实施过程中,根据设定的教学目标和课堂上的具体情况,合理安排教学内容,使整个课堂教学重难点突出,内容精练,符合学生的接受水平,避免出现内容过多而让学生接受不了,或内容过少而使学生得不到提高的情况。详略得当的教学安排,可以让教师更清晰地知道自己的课堂时间分配和进度安排,保证课堂实施过程在自己的掌握之中,能帮助教师提高自身的课堂实施能力。

2. 前后衔接,布局完整

在教学过程中,课堂上的每一个环节都是具有内在联系的,教学是由浅入深、由易到难的,教师要能巧妙设计两个环节的过渡,使整个教学过程布局完整,内容合理,能够按照学生的思路抽丝剥茧、层层深入。因此,教师要巧妙设计过渡语。过渡语的设计,可以帮助学生自然地由上一个教学环节的结束转入下一个环节的开始,使整个教学过程流畅完整,意蕴和谐。

3. 关注差异,因材施教

由于学生与学生之间的个性、生活环境、知识理解掌握程度不同,因此,关注差异、因材施教在课堂实施过程中有着重要作用。

一是按照学生年龄特点因材施教。学生在不同的年龄阶段,学习能力、理解能力和思维能力有所不同,教师在因材施教的过程中,要结合学生的年龄特点,有针对性地进行教学指导,保证教学工作和学生的年龄特点相符合,这样有助于引导学生对知识和内容形成深入的理解和正确的认知,进而积极参与到学习活动中,对学生知识的掌握和学习具有一定的促进作用。

二是依据学生的兴趣特点因材施教。学生不同个体之间的兴趣不同,爱好和特长也存在差异,而且不同的成长环境也让学生的学习兴趣点存在不同。在此情况下,教师采用因材施教应该依据学生的兴趣特点展开工作,培养学生的学习能力,将学生的才能充分发挥出来,使学生在学习中加深对知识的理解,培养学生的学习能力和综合能力,促进各方面学习效果的增强。

三是根据学生的水平层次因材施教。不同学生的基础不同,教师在因材施教的过程中,应该结合学生的水平层次,合理安排。教师可以对学生的学习情况进行摸底调查,将学生分成几组,在了解学生共同点的情况下,明确学生之间的差异,以便在课堂教学中进行针对性辅导、提问和练习,这样可以充分调动学生的学习积极性,提升学生思维的敏捷性,增强学生问题的思考力和解决能力。

### (三) 师生互动能力

师生互动能力在教学中具有非常重要的意义,它不仅可以提高课堂的教学效果,还可以促进学生的全面发展,营造良好的教学氛围。

1. 依据学情,把控教学互动

了解班级里每个学生的脾气秉性及其在课堂的活跃度,能够为教师在教学过程中进行互动提供很大的帮助。教师应该熟悉班级里的每个学生,关注学生表现出的学习特征,了解课堂中真实的学情,并依据学情,深入把控与学生之间的课堂互动。通过课堂上师生互动、生生交流的环节,及时得到学生的反馈,改进自己的课堂教学,提升自己的课堂教学能力。

2. 学生主体,促进有效沟通

学生是教学活动的主体,师生互动就是要把学生放在主体地位。因此,教师可以从以下途径提高师生互动的能力。

一是巧妙设计问题。教师在设计问题时,要注意所涉问题是否具有艺术性和启发性。在课堂提问中,不能只问"是不是""对不对",这样的问题不能启发学生思考,可以提一些给学生发挥空间的问题,如"你是怎么理解的""说说你的看法",这样的交流沟通,才能让整个过程有的放矢。

二是把控提问节奏。课堂提问是一门艺术,而且变数较大,学生的回答会超过自己的预期,这时,教师需要适当引导,帮助学生按照提问的思路进行思考。当学生的思考脱离预期时,教师要根据具体情况作出正确处理,不断对互动过程进行计划、检查、控制和调节,把控提问节奏。

三是创设和谐的课堂互动氛围。在课堂实施的过程中,创建民主、宽松的课堂氛围,是实现教师与学生良性互动,保障师生互动发挥作用的有效前提。教师在互动过程中的氛围造势能够掌握整个互动的成败,而且,教师也可以从学生的反馈中解释调整互动内容,保证课堂的顺利进行。

3. 随机应变,应对课堂生成

教育家苏霍姆林斯基说过:"教育的技巧,不仅仅在于课堂的遇见,也在于对具体情况的调控,巧妙地在学生不知不觉中做出相应的变动。"所以,促进学生核心素养的提升,需要构建动态生成的课堂,让学生的个性和思维能及时释放,教师要因势利导,构建知识框架,提升学生能力素养。

一是精心设计,做课堂生成的预见者。要有生成的精彩,就必须有充分的预设。在备课时,认真研读教材,在教材文本中挖掘、预设教学活动中可能会出现的和教学设计"不相吻合"的情况,作为预设的"点"和"源",给这些不确定的、有效的生成资源留下足够的空间,以便及时应对课堂生成,教师就不会因为"意外"而"乱了分寸"。

二是营造氛围,做有效生成的促进者。传统模式下,教师按照自己的预设框架"按部就班"地组织教学,学生在思考时就会附带问题:这是不是标准答案?这样说老师满意吗?这就导致学生不敢大胆说。长此以往,课堂传递的信息量会大大减少,教师在课堂中就不能有效捕捉生成的信息,严重影响了课堂的生成。因此,要努力营造平等、和谐的课堂氛围,让更多学生参与课堂,促进生成,激发学生的探究热情,使大多数学生敢于表现并传递有效信息,为促进生成做好准备。

三是敏锐捕捉,做生成的提炼者。课堂资源包罗万象,课堂中除去课前预设,总会有丰富多彩的生成资源。面对这些潜在的教学资源,教师不能"熟视无睹",让宝贵的生成契机流失,而是要敏锐捕捉生成,通过比较、判断、鉴别,捕捉出有价值的信息,作为生成的切入点,将课堂带入精彩的新境界。苏格拉底说过:"教师要做学生思想的'助产士'。"课堂中捕捉的信息也不是原原本本灌输给学生,而是要将这些生成和这节课的教学内容、思想方法融合,通过临场调控,组织成新的、适合的教学活动。

教师的成长不是一朝一夕的事情,教师的成长不是打造出来的,也不是宣传出来的,而是在实践中积淀出来的。只要我们不断前进,不断学习,相信,每一位教师,都能在平凡的岗位中,创造出不平凡的成就!

## 第三节　灼亮　真知灼见

教师具有研究性思维,指教师有研究能力来解决教育教学中的问题。教师的研究能力是通过反思性实践、先进教育理念的学习以及与他人的互动合作,在改进自己的教育教学实践的活动过程中形成的。教师科研是促进教师发展的主要路径,是促进学生发展的前提条件,是学校焕发蓬勃生命力的基石。教师如何修炼研究,成为科研推手,需要从观察、反思、思辨和实践四个方面努力。

### 一、修炼观察,提升科研意识

通常情况下,课堂教学观察就是我们平时所说的听课或观课。"听"用耳,"观"用眼,尽管两者都有所局限,但是"观"作"观察"解时,则比"听"具有更丰富的内涵。课堂教学观察就观察心理而言有三个层次:一是不自觉地观察,这是一种心理本能的反应;二是凭经验和感觉进行观察;三是有目的、有一定观察角度,借助一定观察工具,针对具体问题进行的观察,即有意的课堂教学观察,指教师偶然或有计划地觉察学生的认知、情感和行为的课堂表现的过程。课堂观察是获取教学反馈的重要渠道,也是教师调整管理措施、实施有效管理的前提条件,是一种教育科学研究的重要方法。

### (一) 观察课堂,捕捉研究灵感

课堂教学是一个动态的、不断建构生成的过程,教师和学生以课堂为"主阵地",在教与学的过程中除了达成教学目标外,也会生发出很多值得思考的问题,教师应及时捕捉这些信息,发现问题。课堂观察是一种研究活动,它在教学实践和教学理论之间搭建了一座教师专业成长的桥梁。教师借助课堂观察这一合作力量在实践性知识、反省能力等方面获得新的认知和发展,进而提高教师课堂教学能力,促进课堂教学高质量发展。[①]

### (二) 观察学生,把握研究时机

教师的观察能力是十分重要的,教师只有对每个学生在学习中的行为发展情况了如指掌,才能及时和有的放矢地对学生进行适当的帮助,促使学生进一步发展。学生之间的差别很大,需要教师仔细分析,学生具有哪几方面的优点,哪些是他们的薄弱之处,哪些学生要特别注意某些方面的培养,哪些学生需要特别关心,等等。就如同社会上每个人都有不同的长处和擅长的方面,不同学生的发展过程和时间都不是一致的。所以,教师要研究每个学生,研究什么时候介入学生的学习活动中、怎样鼓励学生、怎样适当地给予帮助等。在真实的课堂里,教师的教和学生的学是相互交织在一起的,学生通过倾听、与教师对话和交流建构自己的学习方式,改善学习行为,获得新的认知与情感体验。当观察者进入课堂,观察学生如何学、会不会学,以及学得怎样时,在一定程度上会引发学生行为的改变。

为了进行有效的课堂观察,我校的课堂观察研究经历了从纸质的评价工具

---

[①] 燕学敏.差异教学课堂观察指标体系的建构[J].教育科学研究,2022(10):59-65.

1.0版本、2.0版本至微信小程序的3.0版本的改进过程,逐步形成了基于学科特点的评价指标。上课前,授课教师可根据学科、学段特点和本节课教学目标、研讨任务等,在小程序上选择或增加合适的观察指标,生成该节课的观察量表,并把观课任务提前布置给观课教师。观课教师接收到观课任务后,就可以提前了解本次的研究重点,在进行课堂观察时可以更加聚焦,并能有针对性地做好实时记录。所有的观课记录数据都会在小程序中保留,针对每一个指标也有横向的比较和数据分析。授课教师第一次上好课的观课数据也可以和改进后再次上课的数据进行对比,生成"教师成长档案",让教研在可视化数据支撑的基础上焕发活力、增加效力。教师们把如何利用课堂观察小程序中的数据改进课堂教学写成实用的教学案例,实现了教学经验到科研成果的转化,引导教师在教研中逐渐成为思想者、研究者,成为具有个性和专业能力的行动者。

## 二、修炼反思,发掘科研能力

反思是研究型教师必须具备的核心品质。"吾日三省吾身"的古训时刻提醒每一位教师:要想做一名研究型教师,首先就要学会反思。反思是教师以自己的职业活动为思考对象,对自己在职业中的行为以及由此产生的结果,进行审视和分析的过程。作为教师专业发展重要的助推器,反思是教师回顾历史、总结经验的过程,是发现问题、寻找方法的过程,更是教师实现自身成长、提高科研素养的过程。学校建立了科学的评价机制,搭建了多种平台,开展各种活动,拓宽推介渠道来帮助教师主动反思,在此基础上,教师自身也要立足课堂、立足自身、立足学生来不断地反思自我,发掘自身的科研能力。

### (一) 反思优点,形成科研思路

对教师而言,每一堂课总有自己满意的地方,也就是成功之处:或是教学过程中达到预先设计目的的做法,或是课堂教学中突发事件的应变过程,或是教育学、心理学中一些基本原理运用的感触,或是教学方法上的改革与创新,或是双边活动开展的经验,或是在备课时未曾考虑到而在课堂上突然迸发出的灵感和火花,等等。无论是哪一方面有益的收获,课后及时反思,日积月累,持之以恒,并将反思内容归类整理提升,形成带有规律性的东西,供以后教学时参考使用,并在此基础上不断地改进、完善、推陈出新,对提高课堂教学能力、探索课堂教学改革的思路,及形成自己独特的教学风格,会大有好处。

### (二) 反思弱点,触发研究改进

任何一节课,即使教师的备课十分细密,慎之又慎,也不可能十全十美,如:对教材处理不当,对教学中偶发事件估计不足,对某个问题阐述失之偏颇,对某个问题的处理感到力不从心等。教师应对它们进行回顾、梳理,并作出深刻的反思、探究,使之成为引以为戒的教训。只有敢于正视自己的不足,吸取教训,及时弥补不足,才能不断走向成功。因此,思所失既是教师对学生高度负责的表现,也是不断提高自身教学水平的客观需要。

### (三) 反思难点,突破科研瓶颈

在课堂教学中,对教材难点的突破事关整个教学的成败。所谓教材的难点,是指教师难讲、学生难懂的知识点。如果教师每一轮都把教材难点的处理方法、教学的信息反馈或效果,以及今后改进的教学设想等写下来,并且进行深入细致的分析、比较、研究,长期坚持,必将极大地提高自身处理教材难点的能力,化难为易,再帮助学生突破难点,使其加深对教材的理解。

**(四) 反思疑点,提升研究深度**

这里的"疑"包括两个方面:一方面是学生的疑点。每节课下来,学生或多或少会存在某些疑问,有时课堂上无法及时解决,教师把从学生方面反馈过来的疑点记录下来,细加琢磨,有利于使今后的教学更具针对性。另一方面是教师的疑点。教师对教材中的问题并非一下子就可以理解得十分透彻,有时甚至是似是而非。通过课堂教学,教师自己会感觉到这些,把它记下来,促使自己今后对这一方面的问题加深研究,使之明白透彻。

## 三、修炼思辨,强化科研思维

思辨能力,是运用各种思维方式理性地认识事物的能力。其中,批判性思维能力、独立思考能力,构成了思辨能力的主要特征。

**(一) 修炼思辨,形成研究逻辑**

检验自己的思辨思维是否成功建立的方法只有一个,不是你的思考模型有多么精巧或多么复杂,而是是否能满足逻辑自洽性。如果思维体系里的逻辑有相互冲突的地方,那就必然是失败的。独立思维,重点在于信息进入管道被打开之后,作为思考的主体,如何掌握这个管道主动权的问题。信息那么多,如何检索才是关键。独立思考的重点,不是在于判别真伪,而是在于保证拥有信息管道,而且这个管道能够一直保证足够畅通。在当今的环境下,信息管道足够畅通,教师们获取信息的途径也越来越多,这便要求教师用思辨的眼光来看待教育教学过程中的事务,用富有逻辑的思路来审视自己的教学,从而让自己的教育教学工作更有逻辑。

**(二) 修炼思辨,培养创新思维**

21世纪的发展呼唤创造型人才。学生创新精神和创新意识的培养,乃至创新素质和创新能力的提高,都与教师有着最为直接的关系。没有教师的创造性,很难培养出适应未来社会发展需要的创造性的学生。是否具有创造性是区分"教育家"与"教书匠"的重要标志。培养教师的思辨能力,要求教师"不是传声筒,把书本的东西由口头传达出来,也不是照相机,把现实复呈出来,而是艺术家、创造者"。思辨型教师要具有创新意识、创新精神和创新能力,即对教育发展有前瞻能力,能迅速感悟、准确判断处于生成和变动的教育过程中可能出现的新趋势和新问题;具有教育智慧,及时把握教育时机,能根据实际环境选择和决策,调节自己的教育行为;尊重科学,不盲从和迷信权威,有创新的教学模式,创新的教学方法和新颖别致的教学内容;善于进行科学研究,能创造性地把新思想、新观点、新方法融汇到自己的思维模式和工作模式中去,对解决问题有自己独特的见解和主张。

## 四、修炼实践,落实科研效能

实践是教师的必备品格和关键能力,也是教育科研的可贵品质和重要途径。无论是实践者还是实践家,都要深入实践,把研究之根深深扎在教育教学之中。实践者更注重经验,采取一种经验性的生存方式;实践家则能从经验中探索出教育的原理和规律来,甚至还能生成新的理论,在理论的支撑和引领下走向教育的深处,走向教育的远方。倡导教师做实践家绝不是对经验的轻视,而是对经验的提升与超越。强化实践性思维,就是要在实践中做研究,要在实践中落实研究成效。研究实施要立足真做,研究要按照研究方案和研究内容,遵循研究的操作程序,有计划、有组织、分阶段、规范化落实;研究实施要积极采用行动研究,在教育教学行动中开展研究,在研究状态下开展行动,要强化行动研究对实践进行批判性思考的价值;研究实施要注重研究凭证,研究要按照研究实施的具体情况,判定研究是否成功,并从学生、教师、课堂等方面收集研究成效的凭证。

### (一) 修炼实践,不断超越自我

"实践出真知。"实践是教育科研的生命线。再好的研究成果只有形成文字,表达出来,才能为人所知,才能得以传播。通过科研实践,教师不但可以提升自身的科研能力,不断积累科研方法和技巧,最重要的是教师可以养成一种良好的科研习惯。教师的科研能力只有通过实践转化成为研究成果,才能体现和发挥出它的价值。因此,对于一线的中小学教师来说,一定要重视科研实践的过程,选择合适的表达形式,抽出时间撰写教研论文,将自己的思想升华成文字,在科研上不断超越自我。

### (二) 修炼实践,更新科研理念

教育部《关于加强新时代教育科学研究工作的意见》也明确提出要鼓励中小学教师积极参与教育教学研究活动,开展教育教学实践研究,改进教学方法,提升教育教学质量。广大一线教师应针对教育教学中的困惑进行思考,积极寻求解决问题的办法,将其转化为教育科研的行动。随着课程改革的不断深入,许多新的课程理念进入教师的视野,于是不管是在教育教学的方式方法上,还是在对学科知识的处理上,教师都能发现许多问题,而要解决这些问题,教育科研实践就成了最有效的手段之一。教育科研应成为教师专业素养的重要组成部分。对于广大一线教师而言,实践即研究,研究助成长,引导教师做好教育科研是高质量教师队伍培养的必然要求。在教育科研过程中发展起来的学习力、思考力、实践力以及经验生长力,也正是课程改革中教师要发展的专业素养。《义务教育课程标准(2022年版)》颁布以后,许多课程理念有了变化,有些更是全新的内容。从课程理念的提出到教学实践的应用,这一过程并不是一蹴而就的,它需要一线教师正确理解课程理念的内涵,认识课程理念与教学实践之间的差异,对已有实践经验进行梳理,思考课程理念落地的路径。

**(三) 修炼实践,转化研究成果**

教师进行了大量的教学实践,且很多教师的教学实践是有开创性的,也是卓有成效的,是一次次被实践证明的,教师在实践中自发、自觉的创造应该成为研究成果,应该得到认可并被推而广之。但教师在研究成果的表达方面遇到了明显的困境,可以说是教师专业成长中的"拦路虎"。一方面,要改变教育理论话语的表达方式,不应让教育理论成为"高硬之地",让教师望而生畏,而应让教师感觉到舒适、亲切,并且乐于去尝试;另一方面,教师可以找到一种比较适合自己的话语表达,既能很好地表达自己在实践中的所思、所行,而且能够得到更大范围的认可,找到适合自己的成果表达方式,这是至关重要的。对于教师们来说,做研究的目的是改进和创新实践,所以行动研究或者课例研究是最好的研究方式,在自己或者他人的课堂中发现值得研究的问题,然后去分析和解决问题,在这个过程中不断用行动去改变现状,去自我突破,用文字来记录问题解决的过程,就是最有价值的研究成果。因为在实践这个领域中,教师的视角和行动是无可替代的,其成果也具有独一无二的价值。因此，教师不必去追求理论研究的成果表达，而应该用自己最擅长、最舒服的语言去表达自己的"真实发现"。教师可以用笔"写出你的故事"，那么没有写出的故事将变成回忆，在岁月的风尘中逐渐褪色、湮没；那些写出来的故事，将成为每个人生命中不可磨灭的珍藏，这些将成为"隐性"的成果，可以温暖自己或者告诫自己，让自己有前行的动力和勇气；而那些发表或者出版的故事，能够被更多人读到，成为"显性的成果"，这些故事可能会打动或者影响他人，有可能激励他人成为更好的自己，这对教师来说是另一种"传道、授业、解惑"。如果能够笔耕不辍，不断地将自己的故事讲出来，就会在不断输出的过程中，强化自己的读书、思考、研究和实践，这就是普通教师蜕变为专家的必由之路。

## 第四节  敞亮  智慧策略

"敞亮"指教师能够机智、巧妙、创造性地处理教学内容及课堂教学中出现的问题，并能开启学生的智慧，培养学生的良好德行。"唤爱"教师不仅需要言得"敞亮"，更需要行得"敞亮"。

### 一、领会精神，做立德树人的教师

要成为"敞亮"的"唤爱教师"，首先要领会教育精神，响应国家做"四有"好教师的号召，成为有理想信念、有道德情操、有扎实知识、有仁爱之心的教师。要做

"四有"教师,最重要的就是要有道德情操,真正践行立德树人。

### (一) 以人为本,德育为先

所谓立德,就是坚持德育为先,通过正面教育来引导人、感化人、激励人。所谓树人,就是坚持以人为本。"立德"是"树人"的前提和基础,"树人"是"立德"的目的与归宿。

坚持以人为本的教育理念,教师首先要明确立什么德。教师应构筑共产主义理想信念,牢固确立社会主义核心价值观,厚植中华传统美德,弘扬民族精神和时代精神,树立全球观念和生态意识。要做到以人为本,教师还要明确树什么人。教师要培养社会主义事业的建设者和接班人,培养德智体美劳全面发展的人,培养担当民族复兴大任的时代新人。

### (二) 立德树人,以身作则

曾国藩曾说过:"教必以德为先。"[1]教师的职业是神圣的,担负着培养、教育下一代人的艰巨任务。所谓教书育人,不仅仅承担着传播真理和知识的职责和使命,更肩负着育人的使命;不仅仅包括为祖国培育人才,更包括为祖国培育德智体美劳全面发展的人,因此教师被称为人类灵魂的工程师。教师不仅要教好书,更要育好人,各个方面都要为人师表。

树人先树己,树己先树德。孔子曾提出:"其身正,不令而行;其身不正,虽令不从。"[2]叶圣陶先生曾提出:"教育工作者的全部工作,就是为人师表。"[3]这些论

---

[1] 张洁. 教必以德为先,学须因材施教——曾国藩的家教之道[J]. 少年儿童研究,2005(11):37-39.
[2] 程树德. 论语集释[M]. 程俊英,蒋见元,点校. 北京:中华书局,1990.
[3] 叶圣陶. 叶圣陶教育名篇[M]. 北京:教育科学出版社,2007.

述无一不体现着践行教师职业道德的重要性。因此,对于一位教师来说,最重要的是要具备基本的职业道德素养。信息科技时代更是要求教师要比以往任何时候更加重视提高自身的思想政治素质和职业道德水平。作为新时代的教师,应坚持以人为本、以德立教、爱岗敬业、为人师表、以身作则,不断提高自己的思想政治素质和职业道德修养,并紧紧围绕新时期师德素质要求和师德规范,切实转变工作作风,全面推进素质教育,以高尚的情操引导学生德、智、体、美的全面发展。做一个为人民服务的教师,做一个让人民满意的教师。

## 二、尊重学生,做有情有爱的教师

"教育没有了情爱,就成了无水的池,任你四方形也罢,圆形也罢,总逃不了一个空虚。"①一个池子之所以是池子,正是因为有了水,教书育人之所以是高尚而神圣的职责,正是因为有了爱。教师在教书育人的过程当中要时刻铭记用爱教育,让教育散发爱的光芒。教育无爱就如无源之水,无本之木。

### (一) 尊重理解,体悟生命

教育之爱是尊重学生、理解学生。学生是个性化的、具有完整意义的人,教师要尊重学生的主体地位,学会站在学生的角度看问题,不断发现学生身上的闪光点,促进学生全面发展。大家都知道"四颗糖"的故事。伟大的教育家陶行知先生,在对待犯错的学生时,没有严厉地批评、呵斥,而是肯定了他按时到达办公室、尊重老师、帮助同学和知错就改的行为,先后奖励了这个孩子四颗糖。陶行知尊

---

① 夏丏尊.教育的背景[J].浙江潮,1919.

重孩子,了解了事情的来龙去脉,并表扬鼓励孩子,完美地解决了学生"犯的错",他将爱融入平日的教育当中,他是教育的守望者。教师与学生之间不是上下级关系,而是处于平等的关系之中,只有教师愿意尊重学生、理解学生,才能从学生的角度看问题,才能够走进学生的心,成为学生的引路人。

**(二) 关心爱护,热爱生命**

教育之爱是关心学生、爱护学生。范梅南认为"教育智慧与其说是一种知识,不如说是对孩子们的关心"。[①] 教师是孩子离开家庭之后进入校园的引领者,孩子信任、依赖老师,给了老师最纯真的感情,教师也应该把学生看作自己的子女一样加以爱护。教师只有把关爱学生牢牢记在心头,付诸实践,才能与学生搭起爱的桥梁。

教师要拥有一颗慧心。教育是爱的事业,富有爱心和责任心的教师是取得教育成功的条件。教师要热爱所有学生、呵护所有学生,促进他们全面、健康、主动成长。现在时代在变,孩子成长的环境也在变,教师也应该学会改变,放下架子,放下成人的标准,构建与孩子平等沟通的平台,学会揣摩孩子的心理,多一些与孩子的沟通。只有发自内心地爱学生,尊重每一个学生,才能和学生以心换心。

教师还要培养自己的慧情。教师要对自己的教育事业充满热情和激情。一个有热情的教师,对教育工作就不会有懒惰和倦怠情绪,同时也能自觉地调整好自己的不良情绪,更好地教书育人。一个有激情的教师,能快乐地学习,快乐地工作,富有幽默感和幸福感,用激情为教育事业增添光彩。无疑,教学工作是琐碎的、繁忙的,尤其是对于新教师来说,完成每天的教学工作以及备课工作就已经身

---

[①] 王玲玲,李如密. 范梅南教学机智理论探析与启示[J]. 课程教学研究,2021(10):4-9.

心俱疲,但是身为人师,不仅仅要把教育当成自己的一项事业,更要把它当成自己的灵魂救赎。有的时候,看到学生一张张开心的笑容,一天的疲惫都能被治愈。当我们发自内心地爱学生,就能自然而然地爱教育事业,也能更好地调整好自己的身心状态。

### (三) 鼓励肯定,点亮生命

教师之爱是鼓励学生、肯定学生。在教学过程中,表扬和批评是常见的教育手段,但是表扬和批评的使用却会直接影响教育的成效。在现实的教育场景中,很多老师错把批评当成严格要求,忽视了学生想得到肯定和表扬的需求和心理,一味地批评学生,反而影响了学生学习的积极性。教师应该细心观察,多关注学生身上的闪光点,并及时给予适当的表扬,提高学生成长的积极性。

教师要修炼一双慧眼。教师具有了洞察力和远见力,就具有了充满智慧的眼光,就具有了一双慧眼。教师要用发展的眼光看学生,用"慧眼"去发现学生身上的闪光点,给予他们肯定和欣赏,激起他们的上进心和自尊心,使他们某方面的智能和特长得以充分发挥。

### (四) 影响引导,照亮生命

教师之爱是影响学生、引导学生。"学高为师,身正为范",[①]陶行知先生对教师的知识和人格提出了严格的要求。教师的人格影响甚至超过了教书,并且这种影响对学生一生的发展都起着重要的作用。身患数十种疾病却还是坚守在教育一线的张桂梅老师,创办了全国第一所免费女子高中,日复一日不辞艰辛地对学

---

① 张劲夫.思陶集[M].北京:华夏出版社,1994.

生进行谆谆教诲,培育出了 1800 多名女大学生,她为乡村女孩点亮了一座座灯塔,鼓励她们走出大山,求学向上。相信她的学生一生都会铭记她的辛劳付出,张桂梅老师坚毅的品格和无私奉献的精神也将不断延续并影响着数代人。当老师在对学生提出要求的时候先问问自己做到了吗。师者应该处处严格要求自己,提升自己的道德修养,为学生做好表率,让学生在潜移默化中感染并养成良好的行为习惯和道德品质。如果每个教师都能做到以爱浇筑教育,那么孩子的未来一定更美好。

## 三、终身学习,做自我"敞亮"的教师

要想成为一个有教育智慧的"唤爱"教师,教师必须终身学习,不断提升自我。只有自我"敞亮"了,才能照亮学生。

### (一) 丰富智识,提高专业水平

教师要丰富自己的智识。"学高为师",对于"学高"二字,广泛的理解是,要成为一个学识广博的人,此处之学,不仅仅指教师对本专业知识的学习,更指专业之外其他学科的知识。如语文统编教材改编之后,七年级的课文中出现了许多科技、自然、人文等方面的文章,实现了跨学科融合,对学生的要求也在不断提高,要求学生成为一个全面发展的人,那么对教师的要求自然而然也就更高。教师不仅要精通本学科的知识,还要了解其他相关学科的知识,作为教师还要有科学系统的知识结构和高尚的人格魅力,要做学习型教师,不断学习,不停积累。只有成为一名综合型教师,才能让学生敬服。

## (二) 提高智能,修炼教学能力

教师要提高自己的智能。在教学过程中,教师所具备的知识很重要,教师的能力和潜能也是必不可少的。只有拥有了灵动的课堂教学能力、因材施教能力、实践反思能力,将自身的知识与能力相结合,共同运用于教学,才会达到事半功倍的教学效果。在新时代之下,学生可以通过互联网便捷地获取知识,那么教师的价值在哪里呢?我们认为,教师应当把自己的所学与互联网技术结合在一起,不断地丰富课堂形式,吸引学生的兴趣。

新课程标准对教师提出了更高的要求。教师不仅仅是教学者,更是研究者。成为研究者的前提是能做到终身学习和潜心治学。终身学习就是要求教师保持谦虚的教学心态。在现代教育大背景下,教师和学生不再处于教与被教的单线型关系之中,学生是学的主导者,而教师是引导者,只有教师和学生之间相互促进、相互学习、相互成长,才能让学生学得更好,教师教得更好。[1] 教师的研究也是必不可少的,教师应当潜心钻研,理性、适当地开展科研工作,不断促成自己的专业成长。在研究的过程中,反思和总结是必不可少的一环。教师应当重视具体的教学情境,将教学理论运用于教学实践之中,并加以反思和改进,在此基础上将实践的成功经验上升为新的教学理论。[2]

## (三) 善用智谋,处理教学情况

要成为自我"敞亮"的教师,教师还要善于运用智谋。教育智谋指的是教育的机智和谋略。如今的学生身处互联网时代,他们的视野、个性、思想多元不一,这也给教师带来了不小的挑战。优秀的教师在教学中懂得适当运用智谋,适时抓住

---

[1] 张勇. 谈教师提升教育智慧的策略[J]. 天津市教科院学报,2010(6):60-62.
[2] 尹芳. 论教师教育智慧的生成策略[J]. 教学月刊(中学版),2010(12):14-17.

教育时机,引起学生的兴趣,引导学生思考,提高教育质量。在教学中遇到突发情况时,教师应当站在学生的角度思考和分析,以更平和的心态和更崇高的境界去面对解决教育过程中的种种冲突,并在此过程中不断积累教育经验,丰富自己,促进教育智慧的增长。

# 第五章 唤醒学校内涵发展的力量

　　管理就是唤醒，唤醒与我们交往的人去向善、向美、向好，向着一切可能去努力。激活部门活力，感召教师本心，用心下沉服务，赋能成就他人……唤醒教师，唤醒学生，唤醒家长，唤醒社会，充分利用正能量，提升学校内涵发展的力量。

法约尔说:"管理就是预测、计划、组织、指挥、协调和控制。"德鲁克说:"管理是实践而不是实施,管理不是了解而是行为。"西蒙说得更简洁:"管理就是决策。"

到底什么是管理?学校管理中我们经常会这样做,比如:给予他人最真挚的帮助;学会成就他人,成就他人就是成就自己;去校园里走走看看,看到什么问题就解决它;用最高效的办法去做事;沟通永远在工作之前;激发人的潜能,助力他们的梦想;学会共生赋能,激发教育生命的内驱;要周到谋划,把平常小事做好;挖掘教师的潜力,勇于托举他人……

归结来说,管理就是唤醒,唤醒教师、学生、家长,乃至与我们交往的所有人去向善、向美、向好,向着一切美好的事物去努力。具体地说,就是唤醒行政管理者去"激活部门活力""感召教师本心""用心下沉服务""赋能成就他人";唤醒教师"不忘初心""敬业厚生""懂得学生""理解家长""不断提升";唤醒学生"充满勇气""树立理想""敢于创新""明志励学""懂得感恩""厚积薄发";唤醒家长"不断学习""接纳孩子""提升自己""善于沟通"。

在管理中,我们会分享一些经验或感悟,陈述学校未来的规则和设想,总结肯定成果,这种管理让身边的人统一认识,凝聚合力,且不可或缺,这就是概念式管理;我们的行政会走近教师,倾听声音,了解诉求,尽量沟通,激发动力,这就是情境式管理;我们也会在每天早上、中午或晚上,不定时地去巡视校园,看看校园是否安全,教师课堂是否有序,学生是否到校,用餐情况如何等,这些需要走动的就是走动式管理；学校也会定期开展"最美教师"评比、开学典礼、"艺术之星""学习之星"等各类评比、活动，及校刊的首发式等，用 TED 演讲、评比、比赛、大型集会的方式去激发师生对学校的热爱、对工作学习的热情、对学校的归属感和幸福度，这就是燃梦式管理。

唤能管理，就是以办学理念引领各部门工作，加强现代学校制度建设和师德建设，加大"科学有效、创新发展"的力度，修订学校章程，完善学校管理机制。积极探索科学的教育手段，创新管理理念，以构建和谐向上的校园文化为己任，促进师生的共同发展，唤醒家长和社会对教育的觉悟和支持，充分利用各方正能量，提高学校的美誉度（见图 5-1）。

图 5-1 "唤能管理"多元方式图

## 第一节 燃梦式管理：基于梦想 怀有育人激情

燃梦式管理是一种基于梦想的管理方式，能够激发员工的潜力和热情，提高员工的工作质量和生产效率，增强员工的归属感和成就感。燃梦式管理同样适用于学校管理中，学校最重要的工作就是教书育人，教师的教育教学方法也非常重要。在日常教学工作中，教职工也会因为工作的单调和无趣而缺乏动力和热情。如果教职工的梦想与工作相融合，他们就会拥有更多动力和热情，更有创造性和创新精神。

## 一、发展计划明确梦想

每个学校都有自己的发展规划,苏民学校在"十四五"期间依据《嘉定区教育事业改革与发展"十四五"规划精神》,在教育局"品质教育"理念的引领下,为更好地实现学校持续优质发展,制定了学校"十四五"发展规划。每位教师在踏入教师行业之初,对自己的教师生涯也会有大致的规划。学校可以通过各种方式收集教职工的教育梦想,并将其整合到其个人发展计划中,帮助教师明确自己的职业规划和梦想。每学年每位教师要写一份年度工作总结,总结本学年自己的工作以及未来的工作规划。学校还会组织一些教师活动,通过活动,让教师展现自己的教育梦想。

如学校举办"'弘扬苏民志向·争做最美教师'——我的教育故事演讲比赛",目的是进一步凝聚苏民人的教育正能量,塑造我校教师良好形象,大力宣传我校教育教学一线教师的敬业精神和感人事迹,激发教师努力加强自身修养,树立高尚品德,不断增强学识魅力和人格魅力,充分展示新时期教师风采。参赛教师叙述着自己如何不忘初心,坚定地在"三尺讲台"默默耕耘,充分诠释着最美教师的动人故事。一个个生动感人的具体事例,感染力极强,体现了教师爱岗敬业、教书育人精神,弘扬了广大苏民教师潜心育人、默默奉献的高尚品格和精神风貌。一名有魅力的教师,应当能够以无私奉献的精神去感染人,以渊博的知识去培育人,以科学的方法去引导人,以真诚的爱心去温暖人,以高尚的师德去影响人,以完美的人格去塑造人。通过这样的活动,唤醒了每位教师的教育梦想,"最美教师"不仅是一个头衔,更是每一位教师身上的责任、心中的正义,是将美好青春投身教育事业的伟大决心,是穷尽一生钻研教育的伟大使命,更是全体苏民教师奔赴的目标。

## 二、个性激励推动梦想

激励是一种管理上的用人艺术,所谓激励就是在人的管理过程中遵循人的行为规律,运用各种物质或精神手段,满足员工的各种需要,从而最大限度地激发下属工作的积极性,焕发他们为集体作最大贡献的方式方法。建立教师成长的激励机制,有助于提高教师的综合素质,充分发挥教师的作用,最大限度地调动教师工作的积极性。这种激励机制既是学校发展的保障,又是提高教学质量的迫切要求,也是教师自身发展的需要。学校根据教职工的教育梦想,制定相应的激励计划。这些激励计划是个性化的,能够满足教职工的内在需求和梦想。学校为不断健全完善教师的奖励制度召开教师代表会议,同时实施情感激励机制,每年慰问部分教职工,了解关心教职工的工作和生活。苏民学校每年会举行青年教师座谈会、教师专业发展座谈会等,通过访谈了解教师对自己教学工作的规划以及自己对教学发展的需求,以此使教职工感到学校对自己的关注和支持,从而更加投入到工作中。

针对每一年新入职的教师,无论是刚毕业的青年教师,还是已经有工作经验的教师,学校都会召开新教师会议,旨在帮助他们更好地适应教育行业,提高教育教学水平,实现个人职业成长。会议内容主要是培训新教师了解现代教育理念,如学生为中心、终身学习等,以及各种有效的教学方法,如合作学习、探究式学习等;培养其如何根据学生的需求和兴趣设计课程,以及如何有效地组织和管理课堂,确保教学质量;培养其掌握各种评估方法,如形成性评估、终结性评估等,以及如何为学生提供及时、有效的反馈,促进他们的学习进步;培养其熟练运用各种教育技术工具,如多媒体教学、在线教育平台等,提升教学效果。同时学校还针对新教师所教授的学科,提供相应的专业知识和技能培训,帮助新教师制定个人职业发展规划，提供各种专业发展机会，帮助他们不断提高自己的教育教学能力。通过新教师培训会议，新教师可以更快地融入教育行业，提高自己的教育教学水平，实现个人职业成长。同时，这也有助于提高学校的教育质量，培养更多优秀的人才。再如学校会定期召开教师座谈会，学校管理者即校级领导都会参与、主持，在会议中以一线教师为主，教师们畅所欲言，对个人今后的发展目标、路径、需求等谈看法，进一步明确自己的专业发展追求，努力把个人的专业发展同学校的发展有机结合起来。学校管理者认真听取教师们发言并及时互动，分别就教师们提出的问题给予回应，对大家的合理化意见和建议给予高度评价。学校会制定详尽的教师专业发展规划，并积极整合和拓展市区级专家资源，为一线教师专业发展搭建更高端的平台，创设更好的发展条件。

### 三、搭建平台助力梦想

教师的专业发展、职业梦想与学校的发展息息相关，学校将教职工的梦想融入学校的发展计划中，并通过培训和指导，帮助教职工实现自己的梦想。为教师搭建平台，创造更多的机会让教师展示教学研究成果，将教职工的梦想融入工作中，激发他们的潜力和热情。让教职工参与学校的发展建设，能够激发教职工的创造性和创新精神，提高教职工的工作质量，激发教职工的管理热情，将教职工的梦想融入学校的发展中。学校为教职工提供实现梦想的平台和机会，邀请专家进行专业培训、搭建平台组织交流等。

如，为了促进青年教师的专业成长，提高教师的"解题、析题、研题"能力，学校组织南翔学区初中数学教学联合体组织教师专业素养测试活动，并邀请专家进行专题培训。专家对每位老师的交流做了点评，希望老师们进一步关注教材，关注知识的探究过程以及例题背后的深层含义,特别强调在日常教学中应注意学生思维能力的培养。通过这样的活动,为学校教师搭建平台,帮助教师不断地探索课堂教学的最优化方法,追求课堂教学的最优化效果,对教师们今后的教学工作定会有所启发,帮助教师迈向教育梦想。再比如现在学校的心理健康教育越来越受到重视,学校借助区平台,在学校召开心理展示课以及研讨会,营造相互学习、相互探究、积极研究、共同进步的教研活动,为学校教师搭建了交流展示的平台。

综上所述,与传统的管理方式相比,燃梦式管理更注重教职工的个性化发展和自我实现,更注重点燃教职工的发展激情。管理者不仅仅是简单地授予任务和监督,而是通过探索教职工的内在动机和潜能,激发教职工的激情和创造力。在这样的管理理念下,教职工能够感到被理解和被尊重,从而更加积极地投入工作中。除了个性化的管理方式,燃梦式管理还注重管理者和教职工之间的关系。管理者需要尊重教职工的意见和建议,并与教职工建立良好的沟通和反馈机制。总的来说,"燃梦式管理"是一种以教职工为中心的管理方式,它注重教职工的个性化发展和自我实现,这样能够为教职工提供更多的开放性和自由度,增加教职工的参与度和归属感,从而提升教职工的工作热情和效率。

## 第二节　概念式管理:挖掘根源　解决实际问题

罗伯特·卡茨认为管理者应当具备技术技能、人际技能以及概念技能,他定义概念式思考是一种"看清问题、把握事物本质并将其活用的思考方式"。要充分发挥学校管理职能,对学校管理对象诸要素进行合理组合,设计便于指挥调控的工作程序,促进有机结合和有序运行,以达成学校管理目标,取得最大化的办学效益,需要学校领导者有概念式思考,进而进行概念式管理。

概念式思考具体来说就是"在把握事物本质的基础上,采取相应的行动,如解决问题、作出决策以及沟通交流等"。在概念式思考中最重要的一点就是挖掘事物的本质,而本质绝大多数又是看不见、摸不到的。比如学校中教师的课时、教学计划是有形的,但是教师的教学内驱力是无形的。不论教师的教学计划有多完美,如果教师教学的内驱力不够足的话,学校的教学质量也难以提升。概念式思考能判断事物的价值,有形的课堂教学容易判断出本节课的教学意义,而无形事物的价值较难判断,有时候需要用直观思维进行判断,即不依赖逻辑,遵从内心,直接地把握本质。概念式思考能描绘出事物的整体,描绘整体就是在整体上对事物的本质进行把握。如作为九年一贯制的学校,学校对要培养什么样的教师和学生应有一个全局的宏观计划。管理者可以通过把握无形的事物、判断价值、描绘整体,来发现事物或问题的本质,并采取相应的行动,形成概念式思考。

概念式思考有五条轴线,分别为:全局的/分析的、抽象的/具体的、主观的/客观的、直观的/逻辑的、长期的/短期的。在学校管理中可以根据这五条轴线进行思考并运用于构思、计划、决策当中(见表5-1)。

表5-1 概念式思考五条轴线

| 轴 | 思考过程 | 结果 |
| --- | --- | --- |
| 全局的/分析的 | 先大致捕捉事物的形象,在此基石上对形象进行定量说明,进而明确形象。 | 如此循环往复,进行形象层次的思考,得出结论。 |
| 抽象的/具体的 | 对现象做抽象化处理,进行抽象思考(解决问题、作出决策等),将思考结果落实为各具体事项或行动。 | 如此循环往复,得出无法直接从现象中得出的结论。 |

续 表

| 轴 | 思考过程 | 结果 |
|---|---|---|
| 主观的/客观的 | 基于自己的价值观进行思考,然后从他人的角度审视自己的思考结果,分析其是否合理,做出调整。 | 如此循环往复,得出大家都赞同的结论。 |
| 直观的/逻辑的 | 给直觉判断得出的结论构建理论依据,用直觉判断靠理论得出的结果是否恰当。 | 如此循环往复,尽管存在不确定性,仍能得出合理结论。 |
| 长期的/短期的 | 进行长期跨度的思考和短期跨度的思考。 | 多次重复,得出无论对长期还是短期都合适的最佳结论。 |

## 一、全局的/分析的

第一条轴线是"全局的/分析的"。管理者要从全局进行构思和计划,发现个别问题时,需要从全局去思考分析,比如发现某些教师在工作上热情不够,要分析是个人原因还是学校激励机制不够完善,若是后者可以通过领导层会议,制定有益的激励机制方案。这种全局的/分析的思考有利于管理者从个别问题中思考全局性的管理,将管理制度落地并反馈于个别问题的改进。

比如,学校开学时的午间休息时间,巡课老师发现有的班级在午间休息时总有吵闹现象,特别是有的班级总有个别学生不在班中。开始,老师们以为个别学生是被其他老师叫到办公室内订正作业去了,后来发现这种现象在某个年级的学生中尤为突出,这些学生并未在其他老师办公室内。经过询问得知,这些不在班级午休的学生原来都去学校东校门口买零食吃了。

从以上例子不难发现,从表面看似个别学生的问题,实质却是一个管理的大问题——学校午休时间管理问题。这一发现,揭露了学校管理制度方面的不足。

于是学校开始着手一系列管理举措:提倡制定班级午休班规,使得学生有午休的约束;制定学校班级午休管理规则,使得教师对班级管理有据可依;制定学校午休管理制度,使得学校中午休息时间有规章制度可遵循。这种由个别问题而产生从全局去思考的方式就是"全局的/分析的"概念式管理典型。

在一位老师的案例分享中,可以发现这种"全局的/分析的"概念式管理的缩影(郭露倩老师提供)。

最近,我发现"厕所"居然成了一日常规教育的死角。课间休息时,常有学生到我面前打小报告:"郭老师,小罗在厕所里玩洗手液,水池里全是泡沫,一瓶洗手液快被用光了。""郭老师,小博和小均不上厕所而是在打闹。""郭老师,小博把小游推到女厕所去了。""郭老师,小罗把拖把放在小便池里。""郭老师,小宇拉着厕所的门不让我进去上厕所。"

这样的报告几乎每天都有几个。厕所的"秘密"也就成了我关注的重点。我发现,有的孩子刚从厕所回来,看到别的同学去,就又跟着一起去了,做什么就不言而喻了;还有的孩子一个课间去厕所三四次。厕所成了有些孩子"放松"的好去处,他们从不考虑厕所这个场所合不合适、干不干净,只知道那里没有老师管。

我也在思考为什么会出现这种现象:小学三年级的孩子活泼好动,好奇心强,表现欲望强烈。好玩好动是孩子的天性,只是这些孩子还不懂得什么时间该玩,什么时间不该玩;不懂得与人交流,当发生矛盾冲突时,不会处理;不懂得控制自己玩的欲望,玩起来不分轻重和时间。总之,规则意识还比较薄弱。当然大多数孩子在老师的叮嘱和监督下,还是能控制住自己,只是少数孩子个性突出、行为习惯欠佳、规则意识薄弱,喜欢打闹,在没有人监督和提醒的情况下,就会恢复自己的本性。所以,管理的重点要放在这些孩子身上。因为要让孩子从小养成良好习惯,同时保证他们的安全,我们提倡学生在课间尽量不要追逐、不要打闹、不要大声喧哗,于是,厕所就成了他们课间活动的"自由地"。

教育不能有盲区,面对厕所里的不文明现象,我的思考和实践是:

当接到学生报告时,尽量淡化孩子们把厕所作为"秘密基地"的意识。找孩子谈话,了解他们那样做的原因,了解他们的真实想法。当然对这样的孩子,光说理是不管用的。因为他们毕竟是孩子,当走进厕所看到别的学生在里面打闹、喊叫,或有人招惹他时,他就会把给老师的承诺忘得一干二净。

为此,我设立了两名小监督员,课间如果发现问题,及时提醒。小监督员最好从好动的孩子里面找,他们在检查、监督的同时,也会约束自己的行为。同时还要加大老师检查的力度,时不时在楼道里走一走,听一听,看一看。学生一看到老师,就会下意识地约束自己。希望他们这种下意识约束自己的次数逐渐增多,因为只有量的积累才会引起质的变化。

将"文明如厕"作为主题教育的选题,在班会课上和学生们一起分析讨论这些不文明现象的弊端,让学生意识到在厕所打闹会出现的安全隐患,从而培养学生的自我保护意识。通过班会课,设置阶段目标,定期评价,养成良好的行为习惯。

……

以上案例,我们看到了概念式管理在日常教育教学中的运用,它的管理方式就是先大致捕捉事物的表象,在此基础上对表象进行分析或定量说明,进而明确这种表象所体现的本质,从而进行思考,得出结论。

## 二、抽象的/具体的

第二条轴线是"抽象的/具体的",也被称为抽象化思考。简单来说就是将现象进行抽象化,抽出抽象的部分,然后将结果应用到具体事物中。

如,虽然教师的本职工作都是教书育人,但因为学科的差异,工作的内容、强度往往会有些差别,还需根据教师的工作内容制定不同的绩效方案以此来激发教师的积极性。

教师的教育教学积极性是影响学校发展的极为重要的能动性因素,制定合理科学的绩效考核方案,能够给教师提供一个认识自己、评价自己的机会,帮助教师肯定成绩、看到问题、明确努力方向,从而调动教师的积极性、创造性。因此,学校需要根据国家的相关政策,结合学校的实际情况,发扬民主精神,发挥集体智慧,形成了一套多元、科学、合理的绩效考核体系,调动全体教师的工作积极性,在平等、温暖、竞争的工作环境中,形成强大的向心力和凝聚力,让每一位教师都在职业中充满活力。像这样对教师积极性问题做抽象化处理,进行抽象思考,并最终落实到绩效方案的制定上来的方法就是"抽象的/具体的"。

再比如,随着新课标的实施以及学生"主动参与,合作探究"的教学模式的应用,教学越来越需要学生参与的积极性,不少老师有时也会抱怨学生不够"配合",课堂上死气沉沉。为此,学校每学期举办形式多样的"学习节",每周开展种类丰富的拓展课程、兴趣课、社团活动。除此之外,学校还专门搭建了学生综合评价的积分平台,由任课教师为班级表现优异的学生发放积分卡,获得的积分可以通过线上扫码到积分商城中兑换相应的奖品,学校通过多样的活动、多元的评价方式,让不同层次的学生都能尝到成功的喜悦,有效提高了学生的学习积极性。这种抽象的/具体的思考方式,有助于学校管理者透过问题的现象把握本质,针对性地制定出有效解决问题的方案。

### 三、主观的/客观的

概念式思考的第三条轴线是"主观的/客观的",是以自己的价值观为基础进行判断,然后再以第三方的角度进行验证,最后得出大家一致认可的结果。作为学校管理者,不仅要从学校发展的角度去制定计划,也要从教师发展、学生发展、家长意愿去考虑,换位思考,用客观的角度看待事物,以更全面地判断事物的价值。

为了畅通家校沟通渠道,增强育人合力,促进学校可持续发展,学校坚持每学期举办家校联系月活动,为教师与家长提供面对面沟通的机会,促进学校教育教学工作。此外,学校还不断开展值日护导、家长义工、教学开放日、亲子活动、家长课堂等。每周一和周三的上午,是学校已经坚持了数年的家委会家长驻校办公日,一次校园巡查、一次午餐管理、与一位学生谈心、与一位教师谈话、观摩一次课堂、提出一条合理化建议……让家长自由出入学校的各个空间,用近乎挑剔的眼光去巡查校园的角角落落,去发现学校内有待提高的点点滴滴,提出客观的建议,并参与到学校各项管理工作中来,民主监督办学,以家长之力支持和帮助学校不断提升管理水平。作为一所老校,还能够不断焕发出新的生机与活力,离不开学校管理者"主观的/客观的"思考方式,将学校、教师、学生、家长乃至一切与我们交往的人紧密联系在一起。

## 四、直观的/逻辑的

"直观的/逻辑的"是第四条轴线,是对直观判断进行逻辑验证,再对逻辑结果的合理性进行直观判断。

如,美化装饰校园直观的目的是让师生身心愉悦,但其实美好校园的环境对学生的学习、教师的工作也产生了一定的影响。优雅的学习和生活环境,整洁文明的校园,葱郁的树木,一座伟人塑像,一块名人纪念碑,这些都可以感染学生,使学生在这种优美环境中受到潜移默化的影响,促使自己的言行与特定的校园环境相协调。清洁卫生的校园,完善的教学设施,如教室采光、通风良好,教室、实验室的空间合理,桌椅、黑板等设施的完善程度等,都和学生的成长密切相关。在优美的校园环境中,更是处处蕴藏着丰富的审美内涵,校园中的自然美,教室里的装饰美,教学中的创造美,以及师生的仪表美、情感美、语言美等,都对学生正确的审美观、价值观、人生观的形成起到了促进作用。

再比如,苏民学校是一所具有红色基因的老校,一直以来继承和发扬许苏民先生"以苏民生"的办学思想和教育情怀,大力建设校史文化,弘扬红色志向,一方面促进了学校的内涵发展和特色发展,另一方面也对学校的每一位师生起到了潜移默化的精神影响。学校通过举办苏民学校校史馆传承活动,选拔出一届又一届校史馆"小馆长",让学生学习校史知识,培养学生的综合素质,如语言表达能力、思考能力、文化传承能力、领导能力等,让学生理解今天生活的来之不易,不忘历史,学习革命先辈们的红色精神,通过自己的力量,将这种红色的精神和基因传承下去,更好地应对未来的挑战和机遇。这种直观的/逻辑的思考有利于管理者更好地预测和规划学校未来的发展趋势,作出更加科学合理的决策。

### 五、长期的/短期的

最后一条思考轴是"长期的/短期的",这条思考轴理解起来最简单,即以时间为维度进行思考。

新时期的学校办学面临复杂的社会环境、激烈的市场竞争,要在人民群众对优质教育的强烈需求与现有优质教育资源严重短缺之间扮演属于自己的个性角色,争得一席之地,教育管理决策的地位、作用显得日趋重要。在作学校决策时,要具有前瞻性、评估性、计划性、组织性和控制性,精心谋划学校的发展战略,不能只考虑暂时的利益,要对学校的未来进行长远思考,对学校的适应性进行审慎思考,充分挖掘学校的发展特色,根据学校历史底蕴,结合所处的地理位置、教师素质、生源的现状等,制定准确的奋斗目标,形成自己的办学风格,办出个性化的学校,树立自己的特色与品牌,走出创办特色学校之路。同时还要善于抓住不同时期出现的发展因素,不断提出新的发展目标,以推动学校工作不断取得新的进展。

在学校管理中,运用概念式思考,对学校的各项工作熟练运用这五条思考轴线,并且反复转换思考角度,思考轴交叉使用,可以更加系统和全面地解决问题,作出好决策,进行好管理。

## 第三节 走动式管理:加强走动 遇见美好校园

"走动式管理"起源于美国管理学者彼得思与瓦特门于1982年出版的著作

《追求卓越》一书。该概念早期多用于企业管理,随着时代发展,该企业的管理理念也被引入学校的管理之中。

"走动式管理"是一种以民主、公正、高效地组织学校工作为主要对象的管理活动,它是学校管理者直接深入教学一线,随时了解教情学情、发现问题、解决问题等一系列教育教学管理活动的总和。校长和中层干部"走"入一线,真正践行"群众路线",有利于管理者有的放矢地制定学校规章制度,促进学校发展。

我校借鉴此管理模式并结合自身实际情况进行"走动式管理"。校长走出办公室,走进教室、走入教师和学生之中,在"走"中发现问题、提出问题。中层行政下沉到各个年级组,校长和中层行政每天不定时巡视校园,通过晨读、午休、课堂学习、放学等了解各个班级学生阶段学习情况,及时准确地掌握教学状况,即"教师的教""学生的学",同时在走动过程中发现校园中是否存在安全隐患。在"走"中发现问题,在"走"中分析问题,在"走"中解决问题,在"走"中积累经验。

## 一、以"走"带动管理

走动式管理,外显于四个行动,学校管理层"早来、晚归""走走、看看""听听、谈谈""反馈、总结":早一点到校园,晚一点离开校园,早晚看护学生入校、放学,关注学生进出校园文明礼仪、是否秩序放学、班级学生滞留情况等;早读时间、课后服务时间,走动于校园各个角落,记录各班级晨读、学习方面精神风貌;参与到学生用餐管理中,了解各班级学生是否文明用餐、光盘,并实行校长、中层干部每天中午陪餐制,亲身深入学校食堂,切实发现饭菜质量情况,并提出改进建议;中层行政还下沉到各年级组,和组内教师谈谈班级学生学习生活情况,给予青年班主任良好的班级管理建议,如遇突发状况及时给予组内教师坚强的后盾力量。

学校管理层以"三个一"为标准做好当天的管理工作,第一时间发现、第一时间解决、第一时间总结。把每天在"走"动中看到的情况当天反馈到各年级组,肯定学校教职员工作中的亮点,对于遇到的问题也给予适切建议,各年级分管行政进行阶段性跟踪,关注好本年级组的师生情况,在促进学校发展的同时也激活了教师工作的内驱力。

## 二、以"走"促进管理

学校管理层参与到每个学科教研活动与年级组教学中,了解各学科阶段教学情况,以及各学科组内教师的真实想法与遇到的实际教学问题。例如:教师参加教学评比活动、案例撰写比赛,学校及时给予信息技术支持或者专业辅导等;在走动中发现老师有晋升职称需求,学校可搭建平台,提供教师上"公开课"机会。同时,学校以项目式推进校园重大事宜,分管行政领导鼓励组内教师参与到适合自身发展的项目中,在提升自我的同时,助推学校发展管理。

深入到一线的行动还有很多,像这样的"走动式管理"便于校长和中层干部直接深入一线,和教职工打成一片,能及时发现问题、研究问题、解决问题,有利于管理者有的放矢地制定政策和管理制度。校长到各部门走走、看看、听听、问问,可以及时发现"典型事例"并及时跟进、解决、总结。让师生发现身边的榜样,树立榜样力量,同时大大扩展管理时空,使管理无处不在,无时不在,达到事事有人管、处处有人管,有助于形成良好的校园文化氛围。

学校还通过工会组织不同特色的工会活动与社团活动,在繁忙的工作之余,走近教职工的生活,有助于教职工缓解工作压力,呵护其身心健康,对家里有特殊情况的教职工进行走访慰问,给予温暖和帮助。

"走动式"管理要求管理者在走动管理的过程中,采用公平、和谐、有效的手段和措施,引领和激励全体师生,充分利用校内外的教育教学资源和条件,整合优化学校各项教育教学工作,实现高效教育教学的工作目标。通过"走动式"管理,践行群众路线,充分发扬民主,进一步激发师生的积极性和主动性,形成全员育人、全程育人、全方位育人的学校文化。

## 第四节　情境式管理:适时调整　强化有效管理

"情境"已成为当今时代的一个重要概念。情境认知、情境学习、情境智能、情境教学、情境教育、情境课程以及情境管理,已逐渐为人们熟悉。情境管理也是21世纪的管理,包括教育管理在内的一个重要趋势。它的基本指导思想是权力分享,教育情境管理的实质就是要给予学校更大更广的管理权力,给予教师更大的灵活性,给予学生更多的个人选择和不断探究的权利。因此可以说,教育情境管理基本上是一种基于分权的管理模式。

"情境"在中国传统文化中,主要表达的是情与境相互交融、和谐统一的意思。情境就是有情之境、和谐之境。当然,情境还有更加深刻的意义。运用马克思主义哲学关于人的活动和现实环境相互统一促进人全面发展的原理来审视情境,可以把情境看作"人化"了的教育环境;看作是人(学生)作为完整人全身心地活动于其中,并且到处都证明着、显现着和发展着人的生命力量的教育环境。它体现了人与环境全面和谐的统一,有亲和性、多样性、审美性、体验性、整体性、生成性等特征。这种"人化"的环境,这种充满美感和智慧的环境,与学生、教师的发展要求是相吻合的,它促使学生或教师在现实环境与自我活动的交互作用与统一和谐中,开发课程资源,创造课程经验,获得健康的发展。

情境管理是情境教育的重要组成部分。具体地说,情境管理是指管理者从师生的需求出发,通过引入、创设生动具体的情境,使师生在积极的情感体验中工作学习,促进师生全面和谐、共同发展的管理方式。如何挖掘"情境教育"这座富矿,更好地实施"情境管理",我们为此进行了孜孜不倦的实践与思考。

情境式管理是一种新的管理模式。在情境式管理中,情境教育是一个重要的组成部分。情境教育是将学生放在一个有情感的、有人情味的教育环境中,让学生在活动中感受、体验、思考、发现和创造,从而全面发展自己。

对于学校来说,要实现情境式管理,需要从多个方面进行改进。每一种方式都有着不同的理念和教育方法,旨在让学生在不同的情境中学习、实践和体验,从而更好地掌握知识和技能。

首先是亲近情境,学校可以通过营造和谐、温馨的教育环境,让学生更加融入学校,感受学校的温暖。这种方式通过打造良好的校园文化,让学生更加愉悦地学习,从而提高学习效果。比如,学校可以举办各种文化活动,如曾经举办的音乐合唱会、六一文艺汇演等,让学生在欣赏和表演中体验学习的乐趣。学校的微音小舞台,也给足了学生们机会去展现自己的风采。另外,学校可以组织各种志愿服务活动,让学生在社区中感受公益事业的价值,比如学校一直在执行的重阳节敬老、给老教师献花等活动。

其次是体验情境,学校可以让学生在实践中感受学习的乐趣,培养学生的兴趣和爱好。这种方式可以通过组织各种富有挑战性和趣味性的活动,让学生在实践中掌握知识和技能,从而提高学习效果。例如,学校可以组织户外拓展活动,让学生在团队合作中感受学习的乐趣和挑战;学校还可以组织科技创新比赛,让学生在实践中掌握科技知识和技能。我校曾组织学生实地考察并开展挖红薯活动,也组织学生到保利大剧院参与观影活动等,学校甚至开辟了一块菜地,提供学生近距离观察和体验种植的乐趣。

再者是融入情境,学校可将社会生活情境引入课堂,促进学生的习惯养成。同时,学校可以创设师生活动情境,搭建发展平台,让学生和教师共同成长。

最后,学校可以带领学生走进野外情境,探究多彩世界,丰富学生的学习内容。这种方式可以让学生在更广阔的领域中学习,拓宽学习视野,从而提高学习效果。例如,学校可以组织社会实践活动,让学生在社区中实践、探究和体验;学校还可以组织文化交流活动,让学生了解不同国家和地区的文化,拓宽国际视野。

综上所述,在情境管理的教育模式下学生可以更加愉悦地学习,从而提高学习效果。学校可以根据不同的课程和教育目标,采用不同的情境教育方式,让学生在不同的情境中学习、实践和体验,从而更好地掌握知识和技能,提高综合素质和创新能力。

除此之外,情境式管理还需要关注情境领导。情境领导是指在情境管理中,领导者通过创造、引导、管理情境,带领团队实现目标的管理方式。情境领导需要具备创新意识、敏锐的洞察力、高效的管理能力和卓越的沟通技巧,从而带领团队不断创新,实现教育目标。因此,在实施情境式管理的过程中,学校需要注重领导者的培养和能力提升,不断完善其领导力素质,以更好地推进情境式管理的实施。

## 第五节 分布式管理：去中心化 实现平等共享

相比于传统的中心式管理系统，分布式管理系统是指授权各个部门在自己范围内管理，如各个事业部需要根据各个组织的实际业务情况，采用不同方式管理。从实践层面是试着用扁平化取代现有的金字塔形组织。

分布式领导最早是由塞西尔·吉布于1954年在《社会心理学手册》一书中提出的，20世纪90年代以后，分布式领导的相关研究才逐渐兴起并向各个领域迅速拓展。在教育管理领域中，斯皮兰等人基于实践视角将分布式领导定义为一种涉及多个层面的决策共享实践，即校长授权教师广泛参与学校组织决策的行为实践。在现代学校治理过程中，通过校长放权的方式帮助教师构建积极的工作态度是学校实施分布式领导的重要考虑。分布式领导强调赋权、合作、集体参与，是对原有集权、控制、个人主义等传统领导理念的颠覆。在学校管理中，分布式管理等同于分布式领导，往往意味着校长有意识地将领导权分布于学校的各个层面。

### 一、分布式管理对学校组织的改善

分布式管理是推动学校领导学的研究和改进领导实践的重要方式。首先，分布式领导为研究学校日常领导提供了理论基础。分布式领导认识到了以人或角色为基础的传统领导力概念与组织中工作现实很不一致的问题。它要求领导实践的探究需超越领导策略记录这个层次，发展一种更加全面的领导力作为实践的理解。除此之外,分布式领导的框架也为思考领导者的工作与他们所处的社会情境、物质和符号情境之间的关系提供了一个整合的模型。

在学校治理趋向分布式领导的新情境下,分布式管理对加强新时期教师队伍建设和提高教育教学质量意义重大,也为领导者的工作提供了整合的框架。相关研究表明,分布式领导的成员效能体现在帮助组织成员建构积极的工作态度和行为上。分布式领导推动教师间的资源共享和合作,另外,分布式领导可以提升教师自我效能感,达到增能效果。[①]

分布式管理的视角指明了需要更复杂的方式来研究领导者的专长。根据分布式领导的观点,专长不仅仅是指领导者的思维功能,不能将技能和专长完全看作个体特质和风格等的功能,领导者如何做事实际上是对他们所处情境的一种运作。对领导者专长的研究必须对执行特定的领导任务所必需的专长是如何以及在何种程度上在不同领导者中进行延伸拓展开展探讨。

## 二、分布式管理对学校组织改善提供的新视角

### (一) 在学校组织成员之间建立彼此平等的信任合作关系

分布式领导视角认为学校组织内部或组织之间存在着许多领导者,领导职责由他们共同承担,学校要从传统的"领导者—跟随者"关系中走出来。分布式领导所代表的扁平式的领导结构和相互作用模型意味着新型专业关系的产生,这种新型的专业关系正是建立在互相合作的基础之上的,而不是以由上而下的权力控制为基础的。只有当共同执行组织任务的方式得到一致的认同,且组织成员之间建

---

① 龚婧.分布式领导对教师工作满意度的影响:教师合作与教师自我效能感的中介作用——基于 TALIS 2018 上海教师数据[J]. 全球教育展望,2023,52(5):105-118.

立彼此信任的平等合作关系,领导力才能实现。

### (二) 充分发挥未开发成员的领导潜力

国外研究指出,当领导活动广泛分布在教师群体之中时,教师扮演领导者的角色,承担相应的领导职能,共同参与学校发展目标的制定,能驱动教师额外工作的投入,对教师自主探究和教学质量的提高也大有裨益。当教师在学校拥有更多的话语权时,他们往往会为学校变革和改进自主承担更多的责任,也能变相激发教师对学校的归属感,增强教师对学校的主人翁意识,挖掘出更多"沉默的大多数"的领导潜力。

我校近年来一直致力于开发校史资源,将学校的事务以项目化的方式推进,而在项目中,教师往往扮演着领导者的角色,掌握着主导权,而学校领导则退居幕后,提供各种资源的配套支持。如校史馆的小馆长项目,由我校李丰业老师牵头带领。在小学部,通过三年级的选拔、培训、实操等步骤,带动年级组长、班主任参与其中,互相配合,增强教师在学校工作中的主人翁意识和自我的价值感。

### (三) 使学校领导潜能最大化,提高领导效率和效能

分布式领导,可以让很多人参与到领导实践中,个体也可以对自身和学校所面临的问题有更多了解,学校组织的集体能力也能提高一个层次,使学校总体领导能力实现最大化,让那些具有领导专长的非管理人员都能实施领导行为,将学校的更多领导力向具备专业知识的资深教师分散,从而提高学校的领导力效能。

青年教师跟岗制度即安排青年教师到各部门跟岗锻炼,是我校为年轻教师搭建的学习、锻炼和展示的平台,让年轻人在跟着学、跟着做的过程中,加深对学校的归属感和大局观,对学校的事务框架进一步熟悉,也把学校的领导潜能进一步最大化。

# 第六章 在校园中寻觅美的踪迹

　　学校,与美邂逅的地方。美的校园可以唤醒人的内心世界,激发儿童对美的感悟和体验。在学校建筑、校园景观和绿化设计中融入美学元素,创造出富有艺术感和舒适感的空间,为儿童提供欣赏美与感悟美的机会,引导儿童在校园中寻觅美的踪迹,激发儿童对美的追求,是学校空间美学的使命。

校园不仅要为学生创造舒适丰富的物质条件,更要成为促进学生健康成长、激发积极心理、提高个人能力、培养优秀人格和品德的场所。苏民学校历史悠久,拥有丰富的文化环境,并且在依托其深厚历史资源的基础上一直朝着构建"唤美校园"的目标前进,在传承的基础上进行创新和发展,形成了自身独特的校园文化环境,与文化课程教学相得益彰,与育人目标相互渗透。

学校,与美邂逅的地方。学校里的自然环境是与美邂逅的重要场所。清晨的阳光洒在校园里,金黄色的光芒照亮了每一个角落,让我们感受到生命的活力。每当课间休息,学生们可以在绿树成荫的校园里散步,呼吸着新鲜的空气,聆听着鸟儿的歌声,感受大自然的魅力。这样的环境不仅让学生心情愉悦,更让学生学会欣赏自然之美,懂得珍惜和保护环境。学校是艺术活动的摇篮,通过举办各类艺术展览和音乐会,可以让学生们与美邂逅,在欣赏他人作品的同时,也能感受艺术的无穷魅力。学校是一个充满人文关怀的地方。在这里,不仅可以学到知识,更能学会关爱他人、尊重他人。教师们用爱心和耐心关注每一个学生的成长,用智慧和热情点燃学生们的求知之火。同学们互相帮助、共同进步,展现出团结友爱的精神风貌。这样的氛围让我们感受到人间的温暖和美好。学校不仅是传授知识的场所,更是心灵成长的地方。无论是自然环境的美、艺术活动的美、人文关怀的美还是心灵成长的美,都让学生在学校中感受到生活的美好和幸福。

为此,在"唤美校园"的构想中,空间美学的设计不仅仅是一种审美追求,更是一种教育理念的体现。实用性、物质性和标识性这三个维度的巧妙结合,不仅为师生创造了一个优美、舒适的学习和生活环境，更在无形中培养着他们的综合素质和文化素养。空间美学的实用性体现在校园规划和设施布局上，确保每一个空间都能发挥其最大的功能效益：教室、实验室、图书馆、运动场地等各个功能区域的设计都以满足师生的实际需求为出发点，确保学习环境的高效与舒适；校园内的交通流线也经过精心规划，既美观又实用，方便师生在校园内快速通行。在物质层面，唤美校园注重高品质的建筑和设施建设：校园的建筑风格独特而和谐，既有历史的厚重感，又有现代的活力；校园内的绿化环境优雅宜人，树木、花草、水景等元素与建筑相互映衬，营造出一种宁静、和谐的氛围；此外，教学设备、公共设施等都采用先进的技术和材料，既美观又耐用，为师生提供了良好的学习和生活条件。唤美校园的标识性体现在其独特的校园文化和精神面貌上：校徽、校旗、校训、校歌等是学校的精神象征，它们通过独特的设计和深刻的寓意，传达着学校的核心价值观和教育理念；校园内的文化雕塑、景观小品等也承载着学校的历史和文化，成为校园内一道道亮丽的风景线。这些标志性元素不仅增强了师生的归属感和荣誉感，也在潜移默化中影响着他们的行为和思想。

综上所述，"唤美校园"不仅是一个美观、舒适的学习和生活环境，更是一个充满教育意义和文化内涵的空间。通过对空间美学的实用性、物质性和标识性的综合考虑和实践，我们为学生们打造一个既有利于他们成长和发展，又能激发他们创造力和想象力的校园空间。

"苏民学校空间美学图谱"对许苏民生平事迹陈列馆（教育史馆）、网上校史馆、大厅文化、廊道文化、教室文化等体现苏民学校空间美学的地方进行提炼，绘制出苏民学校空间美学图，让学校充满美的气质，让师生天性中最优美、最灵性的东西发挥出来（见图6-1）。

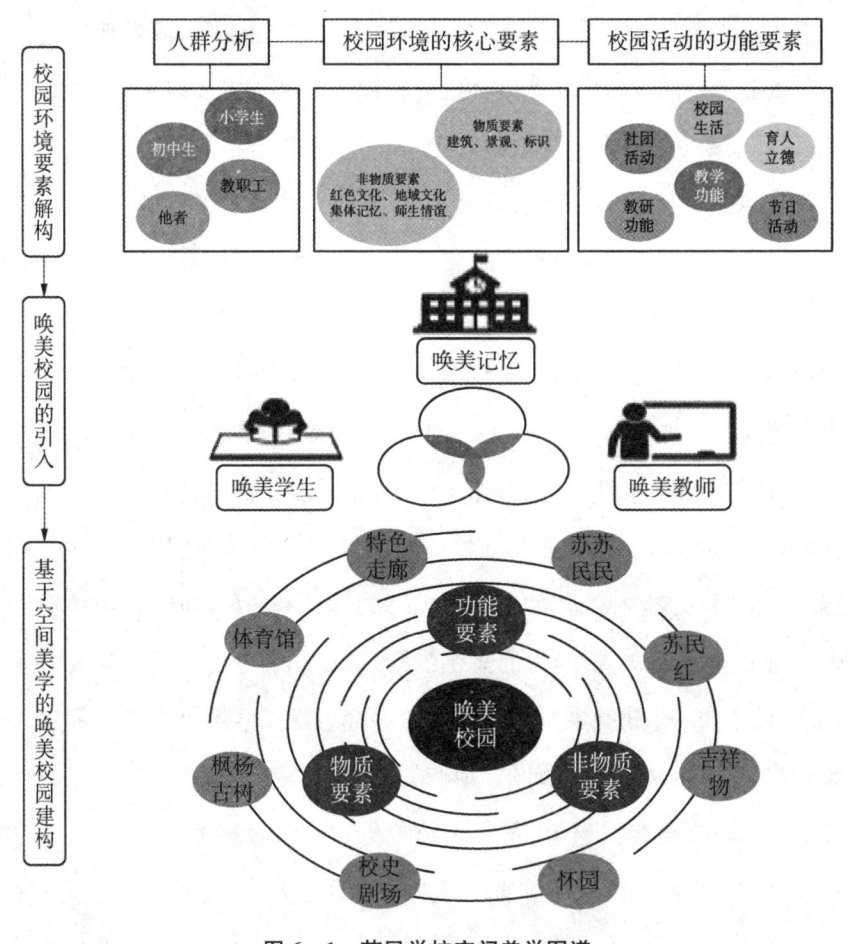

图 6-1 苏民学校空间美学图谱

# 第一节 校园空间美学的实用性

"唤美校园"首先考虑的是功能要素的实现,即该如何实现校园空间美学的实用性,在基础环境和设施上最大限度地满足师生的基本需求。校园空间美学的实现不是空中楼阁,不是镜花水月,更不是孤芳自赏,而是切实考虑到师生各方面的需求,如日常教学、休闲活动等。

对于校园空间美学的打造,其中最核心的目的是不仅要实现对在校园中的人(学生、教师以及他者)的功能需求的满足,更要考虑校园外空间的包容性,满足周边场地的发展和居民部分日常活动的需求,从而实现校园空间美学的和谐、统一、有序且可持续的发展。

因此,校园空间美学的打造不仅仅是内向性的塑造,更有外向性的延伸和传递。基于此,苏民学校"唤美校园"的空间美学中功能要素实现主要基于三个原则:其一,校园环境建设的因地制宜,即结合江南水乡的文化基因,如南翔古镇(见图6-2)和古猗园(见图6-3)中别具特色的老街和古典园林美,打造别具人文感和历史性的美丽校园,实现地域文化传承的功能性。其二,合理规划校园空间布局,即通过校园功能的合理分区和流线设计,在原有学校规划的基础上,了解、尊重和思考孩子在校园成长需求的一切功能,唤醒他们内心了解身边环境的好奇心,从而实现孩子们审美力和创造力的提升。其三,实现校园内外的包容性,即满

图6-2 南翔古镇　　　　　　　　　图6-3 古猗园

足校园内外师生、周边居民的非日常需求,如学生课后社团活动的场地需求、教职工校园生活的特殊需求,以及校外人员的活动需求等。

# 一、因地制宜:江南水乡下的苏民

## (一) 地域文化特色下的校园美学

地域文化是中华民族的宝贵财富。

从人类学的角度来看,"地域文化"指一定空间范围内特定人群的行为模式和思维模式的总和。因此,各地域之间由于自然环境、历史原因以及社会发展的因素影响,存在着地域文化的差异性。

地域文化多元化是我国文化的鲜明特色,各地区都有其自己的文化传统和特色。校园环境美学不仅会受到建筑元素的影响,更会反映在非物质形态的精神文化层面。因此,地域文化对于校园环境美学的实践有着重要的影响。

苏民学校位于上海市四大历史文化古镇之一——南翔镇,受到江南水乡古镇格局的空间影响,实现了校园空间新旧结合的设计创新,校园内有中国传统园林——怀园,园内有许苏民墓、寒筠亭以及校史陈列馆,不仅系统地展现了学校历史文化传统,更是让江南传统文化得以在校园环境美学实践中传承和创新。

## (二) 地域文化基因下的校园元素

美国著名教育家迈克·富兰在《教育变革的新意义》一书中提到,如果要完成一场深刻的、更加持久的变革,最为重要的就是"'重塑'学校文化,否则变革就会肤浅而不持久"。

因此,地域文化作为校园文化的重要基因,我们需要对地域文化元素进行梳理和解构,从而提取具有教育价值的元素,将其应用于校园的特色文化中,从而让地域文化的种子在校园里生根发芽,最终长成特色校园文化的参天大树。

一方水土养一方人。通过在校园文化建设的过程中解构地域文化,引入地域文化因子,不仅可以让学生在日常的校园生活中了解所处地域的语言文化、宗教文化、民俗风情,更重要的是可以让他们对地方历史人物、历史事件、文化艺术等地域文化综合方面有基本的认知,从而使其对当地文化的了解加深,实现地域文化自信和文化认同。

### (三) 地域文化背景下的校园空间

在上海四大古镇之一——南翔镇的地域文化背景下,苏民学校的校园空间不仅结合了校史本身的发展,也融合了南翔的地域文化特色。在校园中最具有代表性的校园空间是怀园(图6-4),怀园中有各种江南地域代表性的建筑和景观,如南翔教育展示馆、许苏民先生墓以及寒筠亭等。

图6-4 苏民学校怀园

## 二、合理规划:唤醒内心的苏民

校园环境美学实践的地域文化特色设计包含内容极广的综合问题,包括了空间规划、景观设计、建筑设计等方面的内容。在探索地域文化特色设计之路的过程中,可以从周边环境和地域文化中汲取灵感,注重校园环境与周边环境的联系和融合。

在校区规划设计中,苏民学校借鉴了江南水乡古镇的空间特色,以江南水乡古镇的空间结构为指引,实现了校园空间尺度设计的创新,从而使江南传统文化得以在校园环境美学实践中得到传承和创新。

### (一) 文化之根:地域文化教育展示馆

苏民学校通过校史教育,进一步唤起学生对校园的热爱和敬意。南翔教育展示馆成为师生了解南翔教育史的重要窗口,而许苏民先生的墓地则成为学生们传承爱国主义精神的地方。学校不仅组织参观,还安排扫墓、聆听校史等活动,让学生深入感受先贤们的付出和奉献。这种校史教育使学生们增强了对学校的归属感和自豪感,激发了他们对学习和成长的热情。

通过地域文化特色设计和校史教育相结合,苏民学校成功地唤起了校园的美丽。这种美丽不仅体现在校园的自然景观和空间布局上,还体现在学生们的精神状态和情感上。他们对学校充满了热爱,愿意投入到学习和成长中,共同打造一个和谐宜人的校园环境。

其中,校内南翔教育展示馆(图6-5)经过多次维护和完善,成为师生和来宾了解南翔教育史的重要窗口。学校通过参观一次南翔教育展示馆、学唱一首苏民校歌、上一次校史课、为许苏民先生扫一次墓、争当一次光荣升旗手、过好每一个中国节日,让学生学会责任担当,体验幸福成长,将爱家爱校情感融入心中。

除此之外,位于校内的许苏民先生墓是嘉定区文物保护单位、苏民学校学生爱国主义教育基地。学校德育幸福成长课程把对孩子们的校史教育作为他们入校的第一课,每逢清明节孩子们为许苏民先生扫墓时都要聆听校史,感知正是许许多多像先生一样的先烈顽强奋斗,中国才有希望、才有未来,进而使他们获得爱学校、爱家乡、爱祖国的情感共鸣。

图 6-5 南翔教育展示馆

"唤美校园"下的苏民学校以其独特而多元的校园环境美学探索,为师生们带来了丰富的视觉、情感和认知体验。通过巧妙地融合地域文化特色设计与校史教育,学校呈现出一个富有内涵的、令人惊叹的美丽校园。

## (二) 文化认同:从地域到校园的认同

从校园的布局和设计上看,苏民学校以江南水乡古镇为灵感源泉,巧妙地融入了古镇特有的空间结构和艺术元素。校门前的石板路和精心布置的花坛,展现了整齐而富有美感的校园入口;学校周围的绿树成荫、花草盛开,散发着清新的氛围,让人仿佛置身于一幅自然画卷中。这些精心安排的景观元素为师生们创造了一个宜人的学习和生活环境,激发了他们的感官和想象力。

然而,苏民学校的美丽不仅仅局限于外部环境。学校通过校史教育、南翔教育展示馆等手段,将历史融入校园生活中。学生们通过参观展示馆和聆听校史,深入了解南翔教育的发展历程,感知先贤们无私奉献的精神。学校还保留了许苏民先生的墓地,使学生们有机会亲身体验扫墓的仪式,进一步唤起他们对祖国、学校和文化传统的热爱和敬意。这种校史教育的开展,不仅提升了学生的历史意识和文化认同,更激励着他们自觉传承和发扬先贤们的优秀品质。

这样的努力不仅令校园更加美观,也在情感和认知上为师生提供了独特的成长支持。学生们在这样一个美丽且富有历史沉淀的校园中,倍加珍惜学习的机会,培养了对学校的归属感和热爱,并积极投身于学术、艺术和社会服务等各个领域,真正实现了美与教育的有机融合。这样的校园环境,必定会为每位师生的成长之路注入更多的光辉与魅力。

## 三、包容之美:包容万千的苏民

### (一) 满足学生社团的活动需求

苏民学校重视满足学生社团的活动需求。学校提供了广泛多样的社团组织,包括学术、艺术、体育等各个领域,以满足学生的兴趣和需求。学生们可以根据自己的兴趣爱好选择加入社团,并通过社团活动展现自己的才华和潜力。学校为社团组织提供了充足的场地、设备和资源支持,让学生们充分享受社团生活带来的乐趣和成长,其中不乏一些设施齐全的专用教室,如美术教室、史地教室、科技教室和阅读空间等。

1. 浪漫的美术教室,滋养学生心灵

美术教室不仅充满着浓浓的油彩墨香,还在每一处都布置了学生们充满想象力与创作力的大作。教室两边摆满了学生们充满童趣的画作、涂鸦的小灯笼、生动活泼的软陶玩偶,美术激发了学生的学习兴趣,引导学生关注文化与生活中的美,用艺术滋养他们的心灵。

2. 古朴的史地教室,弘扬传统文化

文化是文明的源泉,是民族的血脉。弘扬传统文化,将更多的传统文化纳入教育体系,需要更好地打造优秀传统文化教育:一个古色古香的史地教室,每一张课桌椅都犹如一卷卷摊开的竹简,墙上布置着复古的水墨画;教室最后的地理空间,一个个地理模型、山丘模型生动地展示着地理文化的魅力。

3. 活力的科技教室,感知科学魅力

以宣传板报、航天模型、天体模型布置的科技教室,让科技的魅力感染学生。学校将航天科技打造成学校特色,培养"发现型、发明型、创造型、创新型"的学生,大力提升了学生的科技素养和整体素质。

4. 开放的阅读空间,遨游知识海洋

读万卷书,行万里路,学校为同学们提供了更广阔的阅读天地。学校分别设计建造了孩子们专属的生动的阅读空间和属于中高年级孩子的雅致的阅读小客厅,书架色彩明快,形状不拘一格,绘本、漫画、名著等各类书籍应有尽有,进入其中孩子们马上就能安静下来,找到自己喜爱的书籍,在知识的海洋中遨游,在文化的熏陶中快乐成长。

5. 微音小舞台

前辈们的精神如长夜里不灭的灯光,指引着我们前行的脚步。微音不应绝响,微音理应长鸣。如今,苏民学校师生传承先生遗志,结合学校管乐特色,创立微音小舞台,为每一个苏民学子搭建平台,激励学生们在这片舞台上展现才艺。"微音微音",乐声虽轻,由孩子们的指尖流出,从孩子们的口中吟唱出,却是他们心中美好梦想的传递,是表演者和聆听者之间友爱的表达。"莫轻量我年龄小",乐声虽柔,却是苏民学子拳拳赤子心的见证,有志者事竟成,不惧风雪,继往开来。

### (二) 包容教职工们的特殊需求

学校致力于为教职工提供一个良好的工作环境和待遇,充分尊重和关心教职工的个人需求。学校倡导团队合作与共同进步的理念,鼓励教职工积极参与各项决策和管理工作,共同推动学校的发展。此外,学校还提供灵活的工作安排和专业发展机会,以满足不同教职工的职业发展需求,并通过员工活动和福利措施加强教职工之间的联系和关怀。

### (三) 重视校外人员的活动需求

苏民学校重视校外人员的活动需求。学校积极开放校园,与社区及周边机构建立合作关系,为校外人员提供丰富多样的活动和服务。例如,学校组织开展社区亲子阅读活动、公益讲座、文化交流活动等,为校外人员搭建与学校互动的平台。同时,学校还向社区提供一些公共设施和资源,如开放图书馆、运动场馆等,让社区居民能够充分利用和享受学校的资源和设施。

美丽校园要富有浓郁的人文之美,要在设施上满足师生的基本需求,在景观环境上激发师生对美的向往,在人文环境上体现融洽与和谐;美丽校园是让学生恣意生长的地方,学生在其中能回归自然真实的状态,差异能得到认可与尊重,个性能得到张扬与绽放;美丽校园能够让教师品味专业成长的幸福,在这里教师以促进学生发展为教育追求,能够不断寻求教育思想与行为的创新,不断抵达思想的深邃与辽阔。人与自然邂逅,我与美丽的校园邂逅。

校园环境作为一种物质形态和精神氛围,是学生身临其境所感受到的最直接、最具体的文化载体。校园物质环境中,整洁的卫生、新颖的建筑、优美的绿化所体现的校园物质之美,以及校园精神环境所体现的秩序井然,使师生融洽。科学民主、勤奋求实、生动活泼的情境之美,是师生感受美、发现美、创造美的美育场。这种美育场的美育效应是通过身临其境、潜移默化的过程,将审美价值内化为师生的心理认同,从而有意或无意地引导和影响师生们按照美的规律去塑造自我,完善自我。

## 第二节 校园空间美学的物质性

空间是与时间相对的一种物质客观存在形式,由长度、宽度、高度、大小表现出来。校园空间的概念是在空间概念基础上的延伸,是指以点、线、面为基础,融入教育含义构筑而成的学校建筑与设施,是师生联结互动与学生学习的教育场所,具有知识传递、人格陶冶与创新价值的潜在功能,可分为行政空间、教学空间、学习空间、活动空间、休闲空间、户外空间等。

校园空间文化,是指依据学校的特色条件和需求,结合学校所在地的特色资源和人文生态环境,通过创新的理念规划与设计校园。通过对既有空间和闲置校舍的设计规划,优化发展校园空间的教育功能,营造空间美学,赋予空间新的生命力,实现校园永续发展的过程。

校园空间的类型依据不同的标准可划分为不同的类型。依据校园空间的功能可将校园空间划分为教学空间、行政空间、公共服务空间、户外空间。教学空间是各专用教室、图书馆等场所;行政空间是指校长和学校行政办公室、教师办公室、会议室、档案室等行政建筑；公共服务空间是指卫生间、弱电设备间、食堂、物资仓库等空间；户外空间是指操场、绿化区、学生拓展区等室外空间。依据学生活动的动静态性质可将校园空间划分为静态区、动态区和中介区。静态区是教学、教研、实验为主的空间，主要包括普通教室、图书馆（室）等；动态区是指体育活动进行的场所，主要包括操场、体育馆、游泳池、学生活动中心等；中介区是指行政管理、休息交流进行的空间，介于动态区和静态区之间，主要包括各类行政办公室、长廊、鱼池、绿地、食堂等。

总之，学校之美不只是具象的，更多是意象的，是在长期办学过程中逐渐形成并内化的。如果不重视内化，而是一味地去贴标签，以搞装修、建景观的方式向外展示，那只是借"美"之名行"急功近利"之实。当学校独特的办学思想真正深入整个学校的肌体，渗入每一位师生的骨髓时，即使没有外在的形式，同样能使人感受到学校独具特色的美丽。

## 一、学校建筑设计

学校建筑作为校园空间的重要组成部分，不仅需要做好建筑质量的把控，还需要做好空间组合的探索，一方面满足学生的学习需要，另一方面为学生的活动开展提供更为广阔的空间。多元化、实用性已经日渐成为学校建筑设计的重要发展趋势，学校建筑的优化设计同样不能忽视空间组合的灵活应用。当在开展学校建筑设计工作的过程中，通过空间组合，可以满足现代教育思想与素质教育工作的需要，还能够更好地适应学校教育教学需要，创建良好的学校环境，促进学生的综合发展。为了将空间组合设计的功能体现出来，设计工作者需要立足学校建筑的特殊情况，认真贯彻并落实实用性与系统性原则，充分开展多方面的组合改进，促使校园学习环境变得更加优良,促使学校建筑空间设计的多方面价值得到强化,推动学生学习的开展。

### (一) 学校建筑物介绍

苏民学校创建于1934年,近90年办学兴教的历史,积淀下深厚的文化底蕴。学校南北纵向长,东西宽度窄,整体呈"F"形。学校占地面积33 105平方米,建筑面积26 611平方米,配备了各类实验室和专用教室及室内体育馆、温水游泳馆等。每个教室均配备多媒体设备。因政府规划每个镇配备一所公立的九年一贯制学校,2013年学校改扩建,从原有只能容纳25个班级到现在扩建后最多能容纳50个班级,成为一所大体量学校。2013年扩建的部分有:5号楼(行政楼)、6号楼(专用教室楼)、8号楼(中学部教学楼)、9号楼(体育馆)以及食堂的一部分。现有49个教学班,其中小学26个班,中学23个班,共有学生2 052人。扩建后的学校现在有9幢建筑,分别为:1号楼,建于1992年,面积为1 468平方米,四层建筑,高度12米;2号楼,建于1987年,面积为1 779平方米,五层建筑,高度15米;3号楼,建于1989年,面积为1 707平方米,五层建筑,高度15米;4号楼,建于2007年,面积为1 500平方米,三层建筑,高度12米;7号楼,建于2013年,面积为1 640平方米,两层建筑,高度8米。2012年学校改扩建工程以后新增了5号楼,1 620平方米,三层建筑,高度12米;6号楼和8号楼建于2013年,面积为8 130平方米5层建筑,高度15米;9号楼体育馆建于2013年,面积为5 502平方米,四层建筑,分为地上4 246平方米和地下1 256平方米,高度15米。学校拥有一个250米长的环形跑道操场和两个篮球场,一个排球场。其中,1号楼、2号楼为两幢独立的建筑。设计师设计奥妙在于3号楼、4号楼、5号楼、6号楼和8号楼的楼与楼相通,当中以连廊相连。利用连廊的连接,便于学生在两幢建筑物之间来回行走。

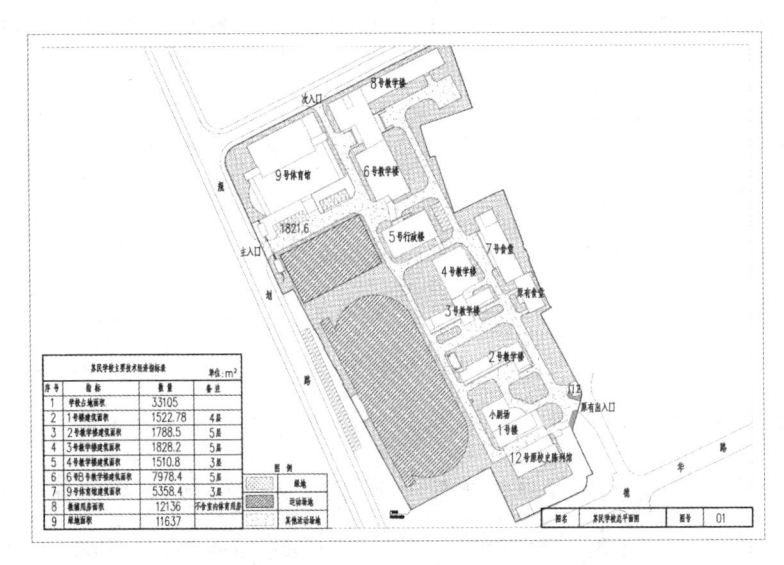

图6-6 苏民学校建筑

## (二)建筑内部空间组合

在校园建筑教育用房中,教室这一场所居于核心地位,学校教学的顺利开展离不开教室这一主要场所。因此,在开展校园建筑设计的过程中,第一任务就是对教室的空间组合作出改进与创新。在校园建筑中,教室一般可以划分为普通教室与专用教室两种。其中,我校普通教室大多属于长方形形状结构,且每间教室面积相当,该区域主要负责开展日常的教学。相比较于普通教室,专用教室的数量要少许多,大部分专用教室有一定的专业性,例如美术教室是专门用来上美术课的,音乐教室是专门为音乐课准备的。因里面有专用的设备,所以面积略大于普通教室。一般情况下,半室外空间通常紧邻教室。在现代化学校建筑中,半室外空间组合属于主要区域。因此,在设计半室外空间组合的过程中,可以将绿色植被与学生作品加入进来,包括手工、书法、绘画等学生作品,利用该形式,有助于将半室外空间和教室空间高效融合起来。6号楼走廊设计由此而来。6号楼一楼走廊为美术走廊,二楼为音乐走廊,三楼为科技走廊,四楼为安全走廊。除此之外,在具体的半室外空间组合设计工作中,还可以提升过廊、走廊等区域的利用率,通过板报的形式,展览学生的作品,这样可以对学校的环境起到良好的改进作用,促使其内在环境变得更加美观,还能够创设更加和谐的学习环境,全面推动班级建设的开展,促使班级班风变得更加文明、向上,对学生的健康成长起到良好的引导作用。

### (三)校园建筑环境设计

利用学校的建筑环境,可以促使其他区域空间组合的合理性与高效性得到强化,同时,还可以将更加优良的教学环境提供给学生,对学生的学习起到促进作用。因此,关于学校建筑环境方面,在开展有关空间设计工作的过程中,应最大限度地确保绿色植被的选择与运用。苏民学校操场旁边的围栏上缠绕着凌霄花的藤,每当凌霄花开的时候,也是校园最美的时候。学校将更多具有实用性的绿色空间和建筑提供给学生。在设计绿色空间的过程中,还可以将多元化的建筑融入建筑空间设计中,比如怀园、凌霄花架、微音小舞台等,这样可以促使校园环境的庭院氛围更加浓郁,使其更具书香气息,从而激发学生的学习欲望,还可以促使学校内部环境更具生机与活力,推动校园绿化工作的开展。在设计操场的过程中,注重将草坪融入具体的设计工作中,这样可以为学生的室外运动提供区域,吸引学生主动参与到体育活动中,对学校的可持续、和谐发展起到良好的推动作用。

弗洛伊德说,人类的思想和行为都根源于心灵深处的某种动机,当这种欲望式动机受到压抑时,会导致行为异常。我们司空见惯的千人一面的军营式布局的校园会扼杀孩子的创造力,校园建筑应是孩子们的乐园,而不是灌输知识的工厂。

## 二、校园景观

校园景观是整个校园环境中不可或缺的一部分。它不仅可以提高校园的美观度,也是学校教育的重要组成部分。一个美丽的校园环境可以给学生带来无限的想象力和灵感,有利于学生更积极地学习和生活。校园文化也是学校发展的灵魂,是将学生与教师的心凝聚在一起,展示校园形象和文明程度的重要体现。积极向上的校园文化对学生的品性形成具有深刻的意义,对提高学生的人文道德素养、拓宽学生的视野、培养多种人才添砖加瓦。而校园景观的布置,更是体现学校整体氛围的标志。苏民学校文化底蕴深厚,十大校园景观体现着浓厚的文化意蕴,校园的一草一木、一物一景都散发出浓浓的文化气息,对全体师生产生潜移默化的影响。

一个美丽的校园环境可以激发学生的审美意识。对于学生来说,在美丽的环境中学习将会更加愉悦和积极。同时,学生也会对自然环境和建筑环境更加敏感,从而发展出审美素养。校园景观不仅是一种自然景观,也是人文景观。良好的校园环境也能够启发学生的社会责任感。环保、节约能源等教育活动可以在校园环境中得到很好的实践,从而培养学生的社会责任感,让他们更关注未来的可持续发展。

### (一) 校园人文景观设计

苏民学校在进行校园景观的设计时,切实考虑到了校园的具体情况,在保留原有设施的前提下增加了新的景观设计。古老的苏民学校原为"苏民小学",随着时光的不断变迁,苏民学校既保留了原有的校园文化精神面貌,又实现了与时代接轨,同时将新旧文化设施科学融合,使校园文化艺术不断传承和升华,避免了校园环境设计脱节现象。同样,校园景观设计也在传承的基础上顺应科技时代发展潮流,将科技融入景观之中,让学生们在环境中感知科学,激发他们学习科学的热情。苏民学校南北面空间设置校史陈列、学生作品展示、校园文化墙等配套功能,最大化地提供展示学校底蕴、展示学生特色、展示校园文化的空间。太空走廊将两栋楼衔接在一起,将各功能进行有机串联。平台通过与绿化景观的自然融合,形成多个景观节点,为师生提供多样化的活动场所,营造自由、创新、共享的校园氛围。通过开敞的、灵活多样的设计手法,创造出太空走廊、科技走廊等一系列迷人的室内外空间及情景体验场所,将提升活力、创造交流等设计理念融入设计中。

校园景观是学校的教育资源之一。优美的校园环境可以激发学生的学习兴趣,提高学习效率。学生们在美丽的校园环境中会感到愉悦和放松,而愉悦和放松的情绪同样有助于他们更好地学习。此外,校园景观还可以帮助学生们体验社会生活,在美好的环境中感受大自然的美丽和人文的浓郁。这些体验将有助于学生们形成良好的生活和学习态度。

除满足传统校园的普通教学功能之外,学校还通过结合多样化的空间,设计了具有书香气息的兴趣图书馆。在每周固定时间学校会组织学生去图书馆进行阅读,感受图书文化的熏陶,图书馆通过层叠的空间设计,成为校园活跃的场所,是学生创意火花的聚集区和学生兴趣培养的孵化器。其与综合教学空间之间又有着动静分区的逻辑关系,校园教学组织架构清晰明确。

学校的枫杨树矗立在教学楼之间,操场的银杏树在秋天格外美丽。优美的校园环境、丰富深厚的校园文化塑造有利于营造良好的教学环境,从而在潜移默化中感染学生,学生也能在这种环境中提高自身内在修养。每周学校会固定抽出一个中午组织大家在枫杨树下表演节目,优美的乐器声和舒适的座位让学校更添生机,学生也在这美好的环境中感受校园文化的熏陶,这也成了苏民学校一道亮丽的风景。校园小舞台不仅进一步丰富校园文化生活,还营造了良好的校园艺术氛围,更是一个展现学生个性魅力、持续推进校园文化艺术建设的大平台。校园小舞台的开展,既给学生们提供了一个展现自我的舞台,也是学校艺术教育的成果,让学生们的校园生活更加健康快乐、充实阳光。同时,苏民学校利用原有地形,保留了古树等植物,对于保护生态环境作出了一份贡献,并且也在寸土寸金的地区节省了用地,减少了建设费用,最重要的是为学校、为学生营造了丰富多变的校园景观和独特的文脉。这种天人合一、尊重自然的教育观、建筑观,也体现了苏民学校的文化理念。

中学校园建设正从原来的重数量向重质量转变。环境育人要求中学校园具有更多的教育功能及更合理的布局。同时,校园物质景观建设的重点也逐渐由只重视建筑、室内环境转为关注校园外部环境的建设。校园外部环境更被视为学生们的第二课堂,具有教育的功能。中学校园在保证安全的情况下,在特殊时段可以开放部分场地,增强中学校园的开放性有利于中学生的成长。苏民学校的室内恒温游泳馆不仅能让学生在学习之余放松身心,也能提供一个良好的环境供其健身。根据研究,水中运动能够刺激人的大脑,促进大脑发育,这种独树一帜的人文建筑给学生极致的体验。枫杨树下最新搭建的小舞台,午休时间总是传来令人放松的音乐,让学校所有的师生舒缓身心,感受音乐的魅力。苏民学校也注重利用环境对学生动手能力进行培养,一年一度的"太空种子"种植活动为学生学习如何悉心培育种子提供了锻炼和体验机会。一粒粒小小的、普通的种子,因为对未知的太空充满好奇,于是"乘坐飞船"去旅行,"太空"奇妙力量的改变,让它的内部遗传物质发生了微妙的变化。"回到地球",经过"科学家"的精心培育,便有了新的名字——"太空种子"。学生们一边悉心培育种子,一边记录种植过程,在这一过程中养成了善于观察的好习惯,另外还创造了美好的校园环境。除此之外,学校还有一个种植园。为了丰富校园生活,锻炼学生的动手能力,培养其劳动意识,感受劳动的美好,苏民学校会定期开展种植活动,例如青椒趣味赛活动。活动前,学校邀请专业老师为三年级学生讲授青椒理论与种植知识的相关内容。老师向同学们介绍了青椒的种类、营养成分,青椒生长的基本要素、习性和青椒苗的生长过程,详细讲解了种植青椒的方法:从挖土到种青椒,再到浇水。老师讲得很细致,同学们听得很认真,并和老师积极互动。下午,三年级各班轮流前往学校种植园进行劳动实践。活动中,孩子们拿着劳动工具,在实践老师的指导与示范下,开始挖土、刨坑、下苗、填土……一棵棵小小的青椒苗在孩子们的手中小心翼翼地被种进了土里,这也开启了孩子们劳动实践活动的旅程。种好青椒苗,孩子们又给秧苗浇了水,期待它快快长出丰硕的果实。劳动体验的过程,远比比赛的结果更有意义。学生们体验到了劳动的快乐,脸上都洋溢着灿烂的笑容。此次劳动趣味赛活动,激发了同学们的劳动兴趣,培养了同学们的劳动习惯,让他们把书本的知识与劳动实践相结合,学以致用,体验劳动创造美好生活的深刻内涵。

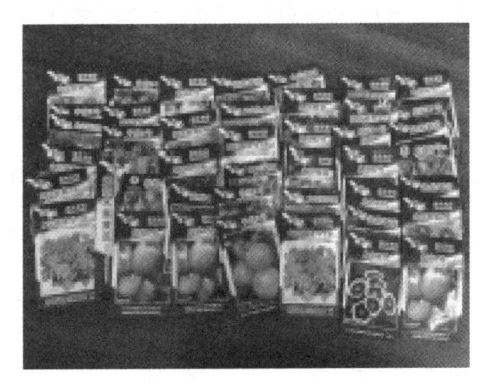

图 6-7　枫杨古树　　　　　　　　　图 6-8　太空种子

## （二）校园自然景观设计

苏民学校在校园植物景观选择中，也对乔木、灌木、花、草坪进行了合理组合，以常绿植物作为校园植物景观的基调植物。学校各功能分区的景观植物的配置也很有讲究。校园内划分成各个不同的功能分区，根据不同的场地作用和地理位置，针对不同的区域，采用不同的方法进行植物景观配置。苏民学校有许多古树矗立在操场上，不仅对开阔的操场起到点缀的作用，也方便夏日乘凉。校园中更有美丽的凌霄花，它们攀爬在围墙上形成一道亮丽的风景线。在体育活动或者体育锻炼的时候，能够欣赏到美丽的花，阵阵清风吹拂，花的香味也随风飘来，让上课的学生和老师都心情愉悦。

在校园的规划中，学校的办校理念、地域文化、学校历史、文化传统等应在绿地和休闲区域的植物景观配置中体现出来，反映校园的人文特色。比如我校的许苏民墓坐落在绿化区域中，对同学们好好学习起到提醒和鼓励作用。许苏民生平事迹陈列馆也能够为学生了解学校的历史提供帮助。在教学楼旁边还有水池、长椅和活动器材，为学生提供了一个环境舒适、空气清新、干净卫生的休息环境，满足了师生休息和观赏的需要，这些人性化空间人气很高，获得了师生们一致的好评。学校绿化是指将学校的操场、墙面、庭院等地方进行绿化美化，使学校环境更加美好、优美，使其适于学生学习、生活、锻炼。近年来，学校绿化已经成为学校建设中的重要内容之一，因为其在教育教学、美化校园环境、提高学生身心健康等方面起着不可替代的作用。学校绿化为学生提供了更加适宜学习的环境。学生们每天都需要在学校里进行学习，而学校绿化创造的适宜学习的环境能够提高学生的学习效率和兴趣。在学校绿化的环境下，空气更加清新，环境更加温馨，学生们的学习热情会更加高涨。此外，学校绿化还能够为学生提供一个舒适的休息场所，让学生可以放松身心、减轻压力，提高学生们的体验感。有了学校绿化,学生在校园中的生活与学习品质将大大提高。学校绿化也有益于营造美丽的校园环境。学校作为学生学习、生活、锻炼的重要场所,营造美丽的校园环境对于学生的身心健康、品德修养、美感体验等方面都有着积极的促进作用。学校绿化可以将校园变得更加优美、富有个性。例如苏民学校的绿色花坛,有许多造型各异的绿植,色彩斑斓的花瓣为学校增添了一抹亮丽的色彩,广阔的草坪宛若一块碧绿的地毯,让人感到舒适与安逸,高大的乔木挺拔而修长,给人以生命的力量。学校绿化的美丽和良好的环境氛围,也有助于学校树立良好的形象和品牌。

校园景观作为整体形象,设计时需要统筹协调各要素之间的联系与区别,运用形式美的法则凸显校园审美文化,明确景观功能,体现人性化,并注重运用科技进行规划设计。设计时要将多样与统一、对比与调和、比例与尺度有机结合起来,建设使人心情愉悦并且充满视觉美的景观环境。校园景观除了要赋予视觉景观,还要体现出校园文化内涵,不同地域的学校有着不同的历史文化、风俗风情,将校园文化通过景观设计进行诠释,既是校园景观设计的难点,也是设计的重要一环。校园景观设计要明确其功能性,空间布局要科学合理。根据不同区域的特点创建不同的功能空间环境,明确教学、休憩、生活、娱乐等各活动区域的清晰界定。此外规划中应注重空间层次,建立一个具有归属感的功能齐全、环境优美、适合学习生活工作的校园环境。

环境对人的作用是巨大的,好的环境能够舒缓人心,陶冶人的情操,让人赏心悦目、心情舒畅,有益于学生的身心健康,更有利于学生的学习和成长。苏民学校的十大景观渗透着校园文化和意蕴,营造出有利于学生身心健康发展的环境。

## 三、校园绿化打造

著名捷克教育家夸美纽斯曾说过,校园应当安排得美观,成为一个惬意的场所和对学生富有吸引力的地方。校园中,蔚然成荫的大树,清新开阔的草坪,以及精心雕琢的艺术景观等,都会发挥其美育功能。校园环境是一个功能复杂的综合体,它既要为教学科研活动提供良好的物质条件,又要为培养学生的良好素质提供一定的人文场所。一项优秀的校园规划设计不应该只注重解决功能性问题,更要融入校园环境,建设人文化的思想,体现"环境育人"的新理念,让校园环境成为师生逐梦的理想场所。

校园绿化,是指根据国家的教育方针和教育政策,按照一定的教育目的和要求,运用各种植物材料和人工措施,对校园内的全部自然资源和人文资源进行科学合理地组织、规划、营造、管理,为创造优美舒适的环境、发挥教育功能、提高学校文化品位、培养学生全面发展的需要而实施的校园建设。校园绿化是学校建设的重要内容之一。校园绿化不仅能够美化环境、净化空气、调节气温等,还能起到净化、美化、丰富校园生活的作用。同时,绿化也是一种投资小、效益高、最能体现"以人为本"理念的环保工程。在这一过程中,学生既是参与者又是受益者。在学生参与校园绿化过程中,教师不仅可以了解到更多的园林知识和技术经验,还能通过教学实践活动激发学生对自然、对生态、对环境的热爱之情。因此,在校园绿化中应加强师生对植物形态结构特征与生态功能及作用等方面的了解和认识,积极组织开展相关学习实践活动。通过这些实践活动,可以进一步激发学生对植物研究和养护的兴趣和热情,培养学生观察能力、分析能力及动手操作能力。

校园绿化一般都有一定的组织形式,主要有班级、年级组、部门和专业。通常情况下,在学校统一规划的基础上,由各班级组成小组,依据各自实际情况,自主开展校园绿化工作。班级内可由各个小组自行分工完成相关任务。班级内进行分工时,任务可以是植物养护管理工作,也可以是对校内树木进行养护管理工作。部门可由各班级自行组建,也可由学校总务处统一负责组建。专业组织则主要针对校外专业人员开展绿化工作,例如园林工程公司、林业大学等专业组织就具备此项功能。

校园绿化是学校建设的重要组成部分,应具有精神上和物质上的双重意义,它不仅能创造良好育人环境、陶冶师生的情操,而且能培养学生的环保意识和审美情趣。校园绿化建设应结合校园文化、课程特色,将"探究、生态、快乐、农耕"理念融入校园绿化景观之中,传递丰富的校园文化内涵。上海市嘉定区苏民学校从学生身心健康发展的规律出发,有针对性地对校园的绿化景观进行定位,注重师生的校园生活、学习的需求,使其对义务阶段教育的发展起到推动作用,达到了环境育人的目标。将校园打造成为培养人才、传播知识、创建社会文明的园地,其环境建设是一项主要内容,而校园绿化又是校园环境建设的重要组成部分。加强校园绿化建设,为教学、科研和师生员工创造一个文明、整洁、优美、和谐的校园环境是时代的要求,是校园绿化打造的最终目的。

### (一) 校园绿化概况

上海市嘉定区苏民学校创办于 1934 年,是一所位于南翔的百年老校,学校占地面积 33 105 平方米,绿地面积 11 637 平方米,绿化率为 35%。

苏民学校环境教育的特点:一是普及,二是走社会化道路。其目标是增强环境意识,学习环境知识和简单的环保技能,使学生在社会中有较高参与环境保护的自觉性。我校把环境教育纳入教学计划,各相关学科根据教材内容制定渗透教育计划，同时在初二年级开设环境教育选修课，对学生进行比较系统的环境常识教育。学校加强对环境教育的领导，校内成立了环境教育领导小组，校外成立了由镇教委、地区环保办及附近各工厂的环保专职干部组成的环境教育联络网，他们为我校环境教育提供了有关资料、技术指导、学习基地、部分资金和实验设备等，是我校长期坚持环境教育工作坚强的后盾。苏民学校还是上海市二期课改实验基地、上海市素质教育实验基地、上海市红旗大队、嘉定区办学先进单位、嘉定区文明单位，"办让人民满意的学校"是苏民人永远追求的目标。我们将进一步弘扬苏民先生的爱国兴校精神、苏民校友的革命斗争精神、苏民教职工的无私奉献精神、苏民学生的勤奋好学精神，为开创苏民学校的美好未来不断努力。

**(二) 校园绿化特色**

嘉定区苏民学校校园绿化景观建设既能够把校园环境的自然特征充分地挖掘并予以表现，又能与学校的教育理念、课程特色和谐结合，还能够把学校扎根于中国传统农耕文化和现代教育理念形成的独特办学特色巧妙地融合在学校的绿化环境中。校园绿化是和谐校园建设的重要手段和途径。科学研究表明，人的生长发育不仅与其遗传有关，还与他所处的自然环境有很大的关系。由于校园是师生活动的天地，一方"春有花、夏有荫、秋有果、冬有绿"的菁菁校园，就是一支默默无语又无时无刻不在感化人们的教育力量，陶冶着学生优良的情操，塑造出美好的心灵。学校应加强软环境的创建和美化工作，使学校美丽、整洁，突出育人功能；增强人们环境育人的意识，进一步做精做美校园，创建生态化学校，实现人和自然的和谐统一。

苏民学校致力于将校园绿化建设成为校园标志性的文化。几近百年的苏民学校,历史文化渊源深厚,古朴典雅的枫杨树生命周期长,陪伴着苏民学校历经沧桑而依然挺立,已然成为苏民学校的标志性植物,枫杨树见证了无数孩子的成长,根植于孩子的记忆深处。校园是一种独特的空间,具有其他空间不能比拟的文化性质,苏民学校注重校园水景的建设,营造出和谐、静谧的文化氛围,彰显出学校历史文化沉淀。校园一隅的假山池塘,活泼灵动的鱼儿使水景与校园在物质和精神上融为一体,保护生态环境的同时,也为师生提供了休憩写生的场所,无形中滋养着苏民师生成为澄澈明亮的人。

校园绿化环境与师生学习的环境密不可分,苏民学校重视人本情怀,创造寓教于景的环境,把大自然搬进教室、图书馆,为学生营造一个温馨的学习环境。植物是自然生态的代表,人们喜欢亲近大自然,主要是由于自然生态中的植物美丽的形态、五彩绚丽的颜色以及沁人心脾的香味给人以美的享受,是生命元素的展现。学校为每个教室和办公室都精心选择了绿植,当师生坐在教室、图书馆学习,身处水泥框架的室内空间时,植物的枝叶、花果、色彩以其生命的气息柔化了空间,给学习中的师生创造了一个祥和、宁静、充满生机的温馨环境。

人类与花草树木一样,是大自然的产物。人的生命与花草树木存在某种契合关系,某种程度上可以实现情感的沟通和思想的交流。马克思认为,人创造环境,同样环境也塑造人。因此,苏民学校重视校园环境的创造,重视在校园环境创造中塑造学生的健全人格。学校重视在绿化建设中对学生进行道德素质教育,具体如下。

1. 与学生组织或班集体共种共养

学校在"植树节""绿化宣传周""学子林"等活动中组织学生参与校园绿化建设,这是一种鲜活的德育方式。绿化师傅通过手把手教导,帮助学生了解植物的特性、种植方法和病虫害防治知识,让学生在感受劳动的快乐与艰辛的同时,形成积极向上的人生观和价值观。经过共同劳动,学生们还可以提高集体凝聚力,形成互帮互助的良好氛围。

2. 及时清理和规整绿地环境

整洁优美的环境是一种无形的力量,能促使师生去认同、去珍惜、去内化,进而培养学生的纪律观念和道德素养。良好的校园环境能够规范学生的行为,培养学生高尚的道德品质,具有其他教育形式无法替代的作用。同时,保洁人员的工作过程也能给学生带来正面影响。

3. 注重细节建设,引导学生养成良好的行为习惯

很多坏习惯的养成是外界环境影响造成的,如一个地方被乱丢了一个垃圾,其他人就会继续在此丢垃圾,毫无心理负担,这是破窗效应的一种体现。因此,环境能对一个人产生强烈的暗示性和诱导性。学校应注重细节建设,引导学生养成良好的行为习惯。

4. 积极接受学生组织的志愿活动

在美观的绿化环境下,学生会对学校产生认同感,同时对自己的要求也会逐渐提高。目前,学校多个绿地是学生们以班级为单位共种共养的,在花海盛开期学生组织的定期维护活动也是自发自愿的。

## (三) 校园绿化工作

学校园林绿化工作,主要由后勤管理部门负责组织实施。后勤部门在进行总体规划时,应做到因地制宜、突出特色、科学规划,从环境条件出发,运用植物造景的原理和手法,发挥植物的生长特性,选择适宜的树种与绿化方式,以科学发展观为指导思想,建设绿色校园、生态校园。在校园绿化工作中,突出特色是我们始终坚持的原则。我们把"生态绿化"作为学校特色建设的重点内容之一。在校园内,

我们根据植物生长习性和校园环境条件,营造出"树有树形、花有花香、草有草色、人有人格"的绿色环境。通过科学合理的规划和精心的管理,使校园内"春有花、夏有荫、秋有果、冬有绿",为学生提供一个舒适、优美、健康的学习环境。

要营造一个师生满意的校园,不能仅有乔木,还必须有灌木、地被、草坪及水生植物的合理配置,这样才能形成多层次、多结构、多功能的植物景观,才能更好地满足师生健康的需求。苏民学校的校园绿化建设就是根据学校建设的总体布局,以"点、线、面"相结合,提出了绿化的整体方案。绿化布局,注重乔灌木、花草相结合的复层绿化模式,突出"林荫型"绿化主体为特色,给师生以主体感、空间感,达到层次分明的效果。

植物种植要注意植物的生长特性、观赏性和搭配的美观性,形成高处有树木,中间有灌木,低层有草坪或地被的多层次景观。学校园林绿化工作主要围绕以下几个方面展开:(1)选取适合本地域和本校特点的重点季节,以美学和美育功能作为校园绿化建设重点。除了一般意义上的分区布局和春夏秋冬皆有景致外,学校借助绿化建设实施美育的重心是秋季景观,因为对于上海学校而言,秋季有着天然的优势。(2)按季节选取适合的树种。四季对植物的景观影响主要体现在干、果、花、叶上,秋叶、硕果是特别富有情感和诗意的。学校选取的主力品种有银杏、红枫、鹅掌楸,辅以法国梧桐、香橼、红花檵木、红叶石楠等,并做到疏密结合、叶果结合。(3)按季节选取适合的花种。波斯菊的盛花期是每年10月到11月,选择种植波斯菊符合秋季需求和学校其他工作的需要。

校园环境是学校形象的外部表现,能最直接地反映出这所学校的办学实力、文化风貌和管理水平等。良好的校园环境,对内可以让全校学生、教职工产生认同感,对外则直接影响公众对学校的印象。在现代化的校园中,校园绿化建设早已从单纯的花草树木的种植和养护延伸为除建筑物、构筑物和地下设施以外的所有校园植物和景观,如花草树木、假山石景、雕塑小品、喷泉水景、灯光夜景等,甚至不仅仅是物质意义上的以上诸类,更是学生课堂教育场景的延伸。校园绿化环境不仅能让学生在潜移默化中健康成长,提高审美能力,养成高雅气质,提升对学校的认同感等,还能在履行学校"培养人才"职能中发挥"协同作用",是学校"环境育人"的重要载体。

## 第三节 校园空间美学的标识性

标识导向系统作为标识信息的主要来源,在标识信息的传递中起着重要的作用。校园标识导向系统是学校根据一定的特征,通过有序、统一的设计,形成具有特色的景观布局,然后布置在各个校园空间中,供教学、行政人员进行标识的系统组合。校园标识系统与学生的学习和生活息息相关,在各个方面发挥着重要的影响。校园标识系统是基于校园内的空间环境,根据校园的特征对不同的校园标识进行秩序化统一设计,形成有特色的景观布局的系统组合,该系统被设置在各个校园环境空间,从而为使用者提供识别用途的整体。

### 一、校园环境标识系统设计的具体措施

#### (一) 注重文化氛围的塑造

每所学校都有其不同的文化底蕴,最直接的反映就是校训,如本校的校训就是:为了师生的幸福成长。因此,在校园标识系统的设计中,为不断加强学校

的幸福课堂文化氛围，设计了一批体现幸福成长的标语与宣传牌。同时本校的"苏民"二字来源于许苏民先生，因此在设计校园标识系统时为了凸显许苏民先生办学"以苏民生"的宗旨，也设计了一批宣传许苏民先生办学理念的宣传版面。

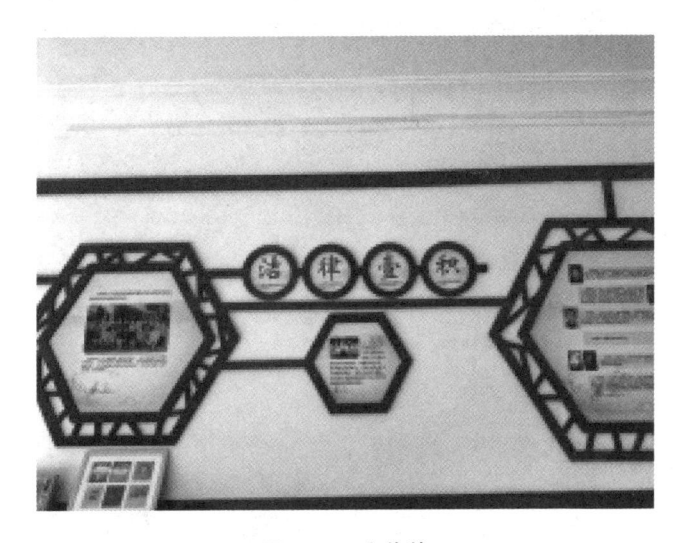

图 6-9  宣传牌

## （二）注重以人为本的原则

校园的标识系统是为人所使用的，"以人为本"是其重要设计原则。本校作为一所九年一贯制学校，考虑到学生的年龄范围广，因此根据不同的年龄段设计了切合学生实际的校园环境标识系统。如在小学部，根据小学生的年龄特点，各类导向牌都安装于方便小学生阅读的高度，同时配以鲜艳的颜色，同时以学校设计的吉祥物"苏苏""民民"作为装饰来吸引小学生的注意。而中学部则根据中学生的性格特点，标识系统整体较为沉稳大气。

图 6-10　导向牌

## （三）注重连续性原则

本校在设计校园环境标识系统时注重连续性原则，"连续"是校园标识系统形成一个整体的有效举措。首先是群体建筑标识的连续性，可以在来访者的脑海中形成连续的校园建筑印象。本校以"苏民红"作为主题，不仅将建筑主题配色设计为红色，还对应设计了一批与之配色相配的路牌、导牌以及宣传装饰牌。其次是导向标识的连续性，统一连续的导向标识能给予来访者舒适的心情。最后是节点标识的连续性，即在同一原则

图 6-11　路牌

布局下,根据此节点能猜测出下一节点的大概方位,这也可以帮助来访者更好地认知校园。

## 二、校园标识目前存在的问题

### (一) 标识系统孤立混乱

校园标识是一所学校视觉文化不可缺少的一种表现形式。但是在先前的设计中很少从整个室外环境考虑,使标识牌显得突兀,和整个外部环境不协调。同时,对整个校园的标识系统也没有统一协调的规划,使得标牌的位置、材质、大小在设计中随意性很大,缺乏系统性和整体性,使校园系统处于混乱分割的局面。

### (二) 设计单一陈旧

在信息发达的时代,人们不仅仅满足于信息的需求,更要享受视觉上的满足。因此,校园标识的设计不能单一趋同于其他的公共标识。现在我校的校园标识不能引起人们的注意和关注,归根结底就是设计上没有推陈出新,并不符合当今学生的要求。

## 三、校园环境标识系统设计可以改进的地方

### (一) 标识系统应当与环境相融合

与一般环境标识导向分级原则类似,校园标识要按从外到内、从大到小的顺序。通过对校园环境的分析调研,学校对标识系统进行分类,以便设计工作有条不紊地展开。校园环境标识一级导向应当从外环境入手;校园环境标识二级导向

属于内环境部分的楼宇内部标识；校园环境标识三级导向更加细化，从各教室、实验室到行政、后勤等单位的单元牌都属于这一级导向；校园环境标识四级导向可以作为最后一级导向，即门牌、设施牌、窗口牌、桌牌、树木牌、草地牌。

### （二）色彩及设计应用

充分利用色彩给人的强烈的感官刺激、直观感觉，使标识更加醒目，同时还应关注标识的主色调必须与周围的环境协调。校园环境标识系统的色彩可以与学校视觉形象标准色搭配，突出校园形象整体性。但是，色彩的使用要注意量的控制，越是分级向下的导向色彩越不能过于烦琐，以免使人无所适从。同时也可以将卡通表情包等网络流行资源应用于校园标识导向系统中，这不仅能达到美化校园的效果，更能让学生、教师以及行人从中享受到卡通表情包等网络流行资源带给人们的便利，真正地实现设计是"以人为本"的美好愿望。

### （三）标识的规范性

包括外观尺寸、图形文字尺寸、与周围空间的体量关系、模块化设计参照等，过大或过小的标识都不能起到应有的作用。标识尺寸过大，显得笨拙而又破坏环境的协调性；标识尺寸过小，可视性就会弱。

总之，校园环境是一种文化教育力量，对学生的身心健康发展有着深远的影响。建设良好的校园文化，不仅可以塑造学生的精神风貌，还可以让学生在积极向上的环境中耳濡目染，陶冶熏陶。在当今社会的发展下，建设多元、优质的校园环境是教书育人的重要责任，学校应不断丰富校园生活质量，形成浓郁的校园氛围，完成校园的建设目标，营造和谐、优美的校园环境。

## 后记

上海市嘉定区苏民学校坐落于南翔古镇,具有近百年的办学历史。近几年来,在上海市嘉定区教育局的领导下,在社会各界的帮助支持和全校师生的共同努力下,"幸福苏民"全面推进,在学校文化建设、全面育人、优质学校持续发展等方面取得了显著的办学成效。"十四五"期间,是学校内涵发展和特色发展的重要阶段,学校依据《嘉定区教育事业改革与发展"十四五"规划精神》,在教育局"品质教育"理念的引领下,积极贯彻《深化新时代教育评价改革总体方案》《关于深化教育教学改革全面提高义务教育质量的意见》《进一步激发中小学办学活力的若干意见》等文件精神,直面问题,寻求对策。

学校也曾一度处于办学低谷,中考成绩在全区尾部,学校优质生源外流明显,外来务工子弟增多,学生整体的学习状态堪忧。特别是课程的开发大都集中在学校管理层,缺乏教师和学生的主动参与,课程的开发与实施模式也不够新颖,关键的课程评价以课程开发设计者对学生的观察评价为主,学生及家长参与课堂评价程度有限。近年来,学校规模不断扩大,班级数从"十三五"开局的30个班到现在的49个班,教师人数激增,青年教师占比逐年增加,教师在促进学生多元参与、亲历体验和有效交往中的课程领导力不够,能够冒出来的名师、学科带头人明显缺乏。有些老教师处于封闭被动的个人教学任务执行中,缺乏积极学习与锐意改进的意识,创新改革意识淡薄,日常教学疲于应付,先进的教学理念不能及时应用于教育教学实践中。于是,就有了针对课堂品质提升的专著《课堂是照亮彼此的地方》,借此提升教师专业能力,解决科研短板,助力干部课程领导力的提升。

"十四五"开局,我们面临着"办什么样的学校"和"怎样办好学校"的更深层次思考,特别是学校因"许苏民"而建,我们的办学应具有"许苏民"的特质,这要求我们在做好传承的基础上必须紧跟时代发展需求,做好"守正"与"创新"。于是,我们开始重新布局学校规划,填补我们的不足,补齐我们的短板,发扬我们的长处,向着办出一所有"品质"的学校而努力。

2020年,"基于'唤醒教育'理念的学校文化图谱的建设研究"被立项为区重点课题,由此,学校发展从整体的视角和系统性思维出发开始了系统性的、整体上的谋划,进行了全局上的把握。我们开始了学校文化内涵建设的重启之门,也由此走上了学校办学的新征程。我们分别从学校德育、课程、教学、教师、管理等学校发展的核心要素出发,系统规划了"唤醒教育"理念下的六个维度:唤趣课程、唤情德育、唤智课堂、唤爱教师、唤美校园和唤能管理。直接由行政六大部门对应谋划和落实,即:课程管理部负责"唤趣课程",教学管理部负责"唤智课堂",党建部门负责"唤爱教师",行政事务部门负责"唤能管理",后勤服务部负责"唤美校园",学生发展部负责"唤情德育",这种一一对应的谋划也培养了学校管理部门的干事规划能力和学习、实践能力。同时,在本书的撰写、打磨、研讨、修订过程中,中层干部加强了学习、增强了思考、提增了信心、找对了方法,也吸纳到了有能力的教师力量,解决了我们目前面临的另一大突出问题——学校中层干部平均年龄较大且面临后继"无人"的窘境,助力了学校培养和选拔干部这一重点突出工作。

"十四五"以来,学校在原有课程体系中又添加了"苏民志向"课程,将红色校史资源融入学科、艺术、科技等,不断优化学校课程体系。学校连续三年开展"弘扬苏民志向 培育时代新人"的区级展示研讨交流活动,得到与会领导和专家的高度肯定。在红色基因的浸润中,在红色文化教育的推动下,学校从环境到师生、从课堂到活动,处处彰显着用苏民精神立德树人的理念,形成潜移默化的红色基因涵养环境。课程内容也得到落实，学生得到全面而有个性的发展，教师得到专业化成长。"今天我以苏民为荣，明天苏民以我为荣"的价值观形成共识，师生的凝聚力和归属感得到家长与社会的充分认可。红色文化的传播弘扬成为苏民学校文化建设的主线脉络，也成了苏民人凝心铸魂的精神之源。

我们励精图治，通过文化引领、行动聚力、特色彰显来打造品质化、智能化、智慧型、特色型学校。这几年，学校先后获得了全国艺术教育先进单位、上海市艺术教育特色学校、上海市绿色学校、嘉定区教育系统优秀单位、嘉定区党建示范校、嘉定区"大思政课"建设实验校、上海学生舞蹈联盟单位等荣誉。

本书的撰写是在"十四五"关键节点，基于区重点课题"基于'唤醒教育'理念的学校文化图谱的建设研究"实践，回顾学校办学经验与特色而进行的。本书一共分六章，从六个办学的维度将学校工作进行了梳理，前后共历时三年时间，得到了上海市嘉定区教育局领导的关怀和嘉定区教育学院的支持。感谢上海市教育科学研究院杨四耕老师的悉心指导，也感谢朱静怡、朱璐瑶、肖植桑、王舒骏、吴锘、杨琳、周羽琪、孙韶霜、苏宣玉、李丰业、黄苗苗、黄昊翔、李婷、董梦瑶等老师参与到本书的撰写中。

希望通过我们的研究和实践，可以促进学校内涵的进一步丰富！

上海市嘉定区苏民学校校长　陈丽雅<br>
2024 年 5 月 15 日

# "品质课程"阅读书目

学校整体课程规划
学校整体课程规划的七个关键
教学诠释学

## 特色学校聚焦丛书

让个性自然发荣滋长:"引发教育"的理论寻源与实践探索
面向每一个生命的教育
让每一个生命澄澈明亮:"小水滴"课程的旨趣与创意
新劳动教育:时代意蕴与实践创新
自信教育与个性生长
好学校的精神特质
教育,让个性舒展:"有氧教育"的模样与姿态
唤醒教育:触发生命的感动

## 跨学科课程丛书

像博士一样探究:PHD课程的创意与探索

## 核心素养导向的课堂教学丛书

深度教学的内在维度:数学反思性学习的六个策略
具身学习的18种实践范式
课堂是照亮彼此的地方
以学习为中心的课堂范型
简练语文:教学主张与实践智慧
课堂核心素养

## 特色课程建设丛书

幼儿园特色课程的框架与实施
课程是鲜活的:"大视野课程"的旨趣与活性
指向核心素养培育的学校课程图谱
让儿童生活在美的世界里:幼儿园全景美育的课程探索
核心素养与学习需求:学校课程建设导引
儿童自然探索课程

## 课堂教学新样态丛书

课堂,与美最近的距离:基于学科核心素养的课堂教学变革

协同教学：意蕴与智慧
决胜课堂28招
一百个孩子，一百个世界：基于差异的教学变革
课堂如诗："雅美课堂"的姿态
在教室里眺望世界：基于BYOD的教学方式变革
课堂教学的资源设计与方式变革
境脉教学的实践范式与创意设计
任务驱动与学科实践
课堂教学的智慧属性与意义增值："灵动课堂"的六个关键词

## 学校课程变革新取向丛书

平衡性变革：学校课程建设新取向
解构性变革：学校课程发展的突破口
赋权性变革：提升学科领导力
整合性变革：特色学科的内在生长
内生性变革：学科课程的生成机理
审美性变革：学校课程的诗意境界
协商性变革：基于集体审议的课程变革
扎根性变革：学校课程发展的文化路径
参与性变革：指向学习素养的课程开发

## 学校整体课程探索丛书

学校整体课程的文化逻辑
学校整体课程的深度实施
学校整体课程的系统设计

## 课程治理新范式丛书

以学生为中心的教育治理
实践型学科课程设计与实施
共享式课程治理：集团化办学的课程治理方略

## "一校一策"课程体系建设丛书

课程坐标及其应用：教师专业视角

## 新质课程文化丛书

实践性学习的七重逻辑